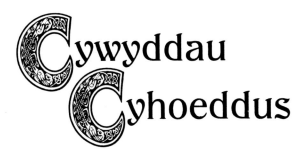

Cywyddau Cyhoeddus

Golygyddion:
Iwan Llwyd, Myrddin ap Dafydd

GWASG Carreg Gwalch

Argraffiad cyntaf: Gorffennaf 1994

(b) *ar y cywyddau: y beirdd eu hunain*

Rhif Llyfr Safonol Rhyngwladol:
0-86381-301-1

Lluniau a chlawr: Mei Mac

Argraffwyd a chyhoeddwyd gan Wasg Carreg Gwalch,
Iard yr Orsaf, Llanrwst, Gwynedd.
☎ (0492) 642031

Cynnwys

Cyflwyniad

Mae 'na rywbeth newydd ar droed ym myd y cynganeddwyr sy'n codi yng Nghymru heddiw. Ystyriwch hyn i ddechrau arni — cyrhaeddodd y rhan fwyaf o'r cywyddau hyn y wasg drwy gyfrwng y peiriant ffacs, lawer ohonyn nhw wedi'u cysodi ar gyfrifiaduron. Cyn belled ag y mae'r dechnoleg fodern ynddi, mae'r mydryddwyr yn ei medru hi.

Ond beth am yr hen, hen grefft a fu'n agos at sawl diþyn difancoll dros y canrifoedd? Cyhuddwyd y gynghanedd a'i mesurau o fod yn amherthnasol, yn anymarferol ac anystwyth mewn dyddiau cyn y diwrnod hwn. Mae hynny'n adlewyrchiad o'r rhai sy'n ei dėfnyddio yn hytrach na'r defnydd sydd ynddi. Tros sawl tymor o raglenni radio *Talwrn y Beirdd* ac yn gyson yn yr ymrysonau eisteddfodol bellach, mae nifer o leisiau ifanc wedi dod â thinc newydd i hen gelfyddyd cerdd dafod. Mewn un ffordd, mae yma ddychwelyd at y seiliau gan mai barddoniaeth lafar ydyw ac mae'n arwyddocaol bod amryw ohonynt yn darllen eu cerddi yn gyhoeddus yn gyson yn ogystal ag ymrysona. Dyma wreiddiau'r traddodiad cynganeddol ac mae'r gyfrol hon a chynnyrch llawer o'r beirdd hyn yn perthyn i gorff o ganu sy'n ymestyn yn ôl i niwloedd cynnar y Gymraeg. Mae'r idiom, y gystrawen, yr arddull yn canu clychau yn aml — yr un iaith farddonol sydd yma ag oedd gan gywyddwyr o'n blaenau.

Does dim modd gwrando ar gwpled Tudur Dylan Jones i Dic Jones heb gofio am fawl sawl cywyddwr i'w athro ar hyd yr oesoedd:

> wyt enw mawr, wyt un o'n mysg,
> wyt wên hawdd, wyt ein haddysg.

A daw'r arch yn Ystrad Marchell, a sawl arch arall i'r cof wrth glywed dechrau cywydd marwnad Tegwyn P. Jones:

> Rhoi'n y gro un o'r hen griw
> ym Mawddwy y bûm heddiw,
> yn priddo talp o ruddin,
> rhoi dyn cryf dan redyn crin.

Mae 'tra bo' yn hen arddull yn ein penillion telyn, ein hawdlau a'n cywyddau a changen o'r un cyff sydd yng nghywydd crefftus Meirion W. Jones:

> tra bo'r hen gefnfor gorwyllt
> yn gaeth; tra bo hwyaid gwyllt

ar y dŵr ar golli'r dydd
yn galw ar ei gilydd;
tra bo dwylo gwyn y don
yn brodio'u môr sibrydion
yn y bae a thra bo haf
yn gaeafu, fe'th gofiaf.

Ymestyniad o'r un traddodiad sydd yma — 'bronfraith Owain' y
galwodd Guto'r Glyn y bardd, Llywelyn ap y Moel ac 'aderyn du'r
canu caeth' medd Wyn Owens am T. Llew Jones. Mae rhyfela â
photeli gwin yn hen arfer ymysg cywyddwyr ac mae adlais croyw o
hynny yng nghwpled Emyr Lewis,

geiriau llym wedi pum peint
a chwffio wedi chwepheint.

Bywiog a dramatig a dweud y lleiaf, oedd disgrifiad Tudur Aled
o feirch:

dryllio tir yn droellau tân

a

Cnyw praff yw yn cnoi priffordd,
cloch y ffair, ciliwch o'r ffordd!

Mae cywydd Tegwyn P. Jones i'r raliwr ceir yr un mor rymus:

teiars ôl yn hurtio'r siâl
a'r bodiau'n gwasgu'r bedal.

Ar un olwg, glynu at gonfensiwn ac arddull arbennig yw hanfod
glynu at fesurau mor gaeth â'r canu cynganeddol Cymreig. Does
dim osgoi'r hen drawiad, y blas oesol ar ambell gwpled. Dyna
hanfod y canu clasurol mewn unrhyw iaith. Ond o fewn y
canllawiau hynny, mae lle i'r dychymyg ehedeg yn ogystal. Mae
yma wreiddioldeb sy'n dod â deffroad newydd i hen eiriau.

Beth am gwpled Tudur Dylan i Ryan Giggs, sy'n cyfuno'r
clasurol â'r cyfoes:

A wêl wyrth ei sgiliau o
a wêl drydan pêldroedio.

neu gwpled Meirion MacIntyre Huws i'r cydwybod:

yn y dorth a'r gwinoedd da,
hwn yw miloedd Somalia

Mae'r oesol a'r ugeinfed ganrif yn un hefyd yn y geiriau hyn gan
Meirion W. Jones:

tra bo cân yr wylan wen
yn dristach na'r gair 'Dresden'.

Y mae yma hen egwyddor ond hefyd egni newydd; fflachiadau o ffraethineb fel 'gŵr sgwâr a'i grys agored' ac eiliadau tragwyddol fel 'eneidiau unig ydym'. Fel y dywed Ceri Wyn Jones am y gynghanedd ei hun:

> hi gyfoes, hi oes a aeth,
> hi'r nwyf er ei hynafiaeth;
> hi iaith y cenedlaethau,
> hi eiriau taid, hi'r to iau.

Dic Jones ddywedodd yn ei feirniadaeth ar yr awdl yn Eisteddfod Llanelwedd 1993 fod 'to hollol arbennig o gynganeddwyr' yn dod i'w haeddfedrwydd yng Nghymru yn awr. Mewn erthygl yn *Llais Llyfrau*, olrheiniodd Gerwyn Williams yr afiaith a'r brwdfrydedd newydd dros y gynghanedd a'i mesurau i ymwybod cryf o 'gymuned fywiol a chynulleidfa fyw. Hyd yn oed pan yw'r profiadau a drafodir yn dra phersonol nid anghofir am y gynulleidfa'. Mae'r hen fesurau'n cael eu poblogeiddio a'u moderneiddio, eu cyflwyno'n llafar ac yn sionc unwaith eto ac mae dylanwad y canu cyfoes a gwaith rhai beirdd rhydd diweddar yn gryf ar arddull y beirdd caeth yn ogystal.

Gellid ychwanegu ambell ddylanwad arall hefyd — yn sicr, nid y lleiaf yw dylanwad dadeni cynganeddol y chwedegau a'r saithdegau a esgorodd ar benceirddiaid fel Dic Jones, Gerallt Lloyd Owen ac Alan Llwyd — beirdd sydd wedi rhoi cyfle ac wedi meithrin llawer ar y to sy'n codi a beirdd y mae eu gwaith wedi bod yn ysgogiad iddo o ran arddull a thestun yn ogystal. Beirdd yr ail don sydd yn y gyfrol hon — a fyddai honno ddim yn bosibl onibai am y don gyntaf a ddisgleiriodd ar y glannau hyn.

Does dim osgoi'r elfen wleidyddol yn y canu chwaith. Unwaith eto yn hanes Cymru a'r Gymraeg, mae'r beirdd — a'r beirdd caeth yn benodol — yn lleisio siom, dadrith ac ofn ond ar yr un pryd yn mynnu dal eu tir a herio hynny gyda gobaith ac ysbryd anorchfygol. Mae'r testun mor wleidyddol â thestun cywyddwyr oes Glyndŵr ac ar gerdd dafod — ac ar fesur y cywydd yn arbennig, efallai — cafwyd cyfuniad campus o destun, thema a dull o fynegi. Mae canu cywydd ynddo'i hunan yn weithred wleidyddol yn y Gymru hon, yn ddrych o'r dyhead bod rhaid clywed ddoe cyn siarad am yfory.

Ond lledodd esgyll yr awen yn tu hwnt i ganu gwleidyddol yn unig — mae yma ganu serch a marwnad; disgrifio a dyfalu; dychan a thynnu coes; gofid a gorfoledd; moli bywyd ac ofni'r diwedd. Mwynhewch y cyfan — er mwyn hynny y cawsant eu cyfansoddi.

Cywydd o weddi

Atat Ti, o! Dduw ein Tad
y deuwn, a'n dyhead
yw dy gael; cael dy galon
yn bur o hyd dan ein bron.
Rho'r gras inni drugarhau,
rho'r gras sy'n graig yr oesau;
y gras fydd yn goroesi,
gras y nef ar Groes i ni.

Ei Groesbren yw ein geni,
a'i boenau Ef yw'n byw ni,
ond fel pob oes mae'r oes hon
eilwaith yn bwrw'r hoelion:
bwrw'r Iôr yn ôl i'w bren,
anwylo pob un hoelen;
yna poeri i'w wyneb,
darnio ei wisg, a'i droi'n neb.

Ef yw pob Sarajevo,
a dyn, cyd-ddyn ydyw O;
Ef y ferch a gollodd fam,
Ef oedd yno, Ef ddinam;
Ef dad heb fab, Ef faban,
Ef dad-cu â'i dŷ ar dân;
Ef y gwaed yn y dref gaeth,
Ef yr hil, Ef farwolaeth.

Ond onid yw Ef hefyd
er ei boen yn caru'r byd?
Caru'n bai, yn cario'n baich
yn ei ddwyfron â'i ddwyfraich;
yn rhoi golau i'r gwaeledd,
yn ysgwyd bywyd o'r bedd?
Y pŵer hwn yw'n parhad,
a'r cyhyrau yw cariad.

O! Dduw, rho dy faddeuant:
dy bobol ŷm, ie, dy blant
mewn gweddi yn ofni ŷm,
eneidiau unig ydym
yn gofyn am Un o hyd,
am Un a fydd bob munud
ynom yn gariad einioes,
ynom oll, yn ffrind am oes.

Ceri Wyn Jones

I gyfarch Neil ac Eldeg
ar achlysur eu priodas

Ym Mhortmeirion cynhaliwyd gwledd briodas un o'm cyfeillion coleg, sef Neil Rosser. Brodor o Lansamlet ger Abertawe yw Neil, ac mae tafodiaith gyfoethog Cwm Tawe yn gryf ar ei wefusau. Daeth yn adnabyddus bellach fel canwr pop ar y Sîn Cymraeg. Merch o Borthmadog yw ei wraig, Eldeg, ond yn wahanol i Neil, cerddoriaeth draddodiadol Gymreig y delyn yw ei dileit hi.

Parti mawr yw Portmeirion,
sbri a dawns yw berw'r don,
a chlywn fôr o gerddoriaeth
trwy'r hwyr yn ysgubo'r traeth.
Awyr las yw arlwy'r wledd,
a'i heulwen yw'n gorfoledd.

Mae'r de a'r gogledd heddiw
yn gôr o hwyl, peraidd griw
law yn llaw mewn unsain llon
â'u cân yn gwau'u hacenion.
Dau fyd y ddwy dafodiaith
drwy ddeuddyn sy'n un eu hiaith.

Dwy galon, dwy fron, dwy fro
mewn heniaith yma'n uno:
dau deulu fel dwy delyn
â nodau'u tonau'n gytûn,
a'u seiniau prin sy'n parhau
mewn newydd harmonïau.

Yn ddiwahân serch a ddaw
o'r ddeulais hardd eu halaw;
mae'r ddwy gân yn gynghanedd,
geiriau dwys yn gordiau hedd.
Cywair dau yw cariad oes,
a'i dannau yw dwy einioes.

Ceri Wyn Jones

14

Wedi'r Nadolig

Heno fe rown fel llynedd
ŵyl y byw yn ôl i'w bedd,
gan gloi doli'r babi bach
i gadw mewn hen gadach,
ac i'r atig rhoi eto
ddisgleirdeb ei wyneb o
ar y llawr yng ngwely'r llwch,
yn ddoli o eiddilwch.
Yno 'nghrud ein halltudiaeth
mae'n rhith o gorff, mae'n wyrth gaeth,
ac ogof ein hangof ni
ni wêl heno'i oleuni.

Ceri Wyn Jones

Y Gynghanedd

Hen waedd ein hesgyrn eiddil
yw'r hen iaith ym mêr ein hil;
hen reddf ein cadernid brau,
hen ias yng nghof yr oesau.

A rhan o wyrth yr un wedd
yw henaint y gynghanedd:

hi'r hen wisg ar ein hesgyrn,
hi chwŷs ein taeogrwydd chwyrn;
hi yw cell ein rhyddid caeth,
hi boen ein hannibyniaeth;
hi'r wyneb ar yr enaid,
hi'r wefr sydd ynom yn rhaid;

hi ystyr sy'n ymestyn
o wylo'r hil i wae'r un;
hi chwerthin prin ein parhad,
hi ddianc, hi ddyhead;
hi'r nerf sydd mor anorfod,
hi arian byw drwy ein bod;

hi gyfoes, hi oes a aeth,
hi'r nwyf er ei hynafiaeth;
hi iaith y cenedlaethau,
hi eiriau taid, hi'r to iau.

Ceri Wyn Jones

Ffordd osgoi

Ni bu'r un ar lwybrau oes
yn wyneb troeon einioes
heb adnabod anobaith,
a dyheu am ben y daith.

Wrth wylio heno'i wyneb
fel hafn oer, fe welaf neb:
y neb diymateb mwy,
y neb ifanc heb ofwy.

Roedd ei heddiw mor ddiddim,
a'i ddoe fel ei fory'n ddim:
chwâl ei fyd yn chwilio'i fedd,
yn dewis ffordd i'r diwedd.

Hewl lydan y tabledi
a fu'n hewl o'n tagfa ni;
tawel hewl y botel wag,
gwyriad o'r rhuthr gorwag.

Llusgodd i ben ei dennyn,
a'i ddileu â'i ddwylo'i hun.

Ceri Wyn Jones

Darlun

(ar stryd yn Ffrainc)

Na, ni hurtiodd yr artist
a wnaeth greu rhyw rith o Grist
ar y pafin. Aem ninnau
heibio ar ruthr i'w ddarlun brau,
yn rhy hurt i brofi'r ias,
yn genfaint dros ei gynfas.
Eto, wnaeth 'run ynfytyn
ddileu cyfaredd ei lun.
Canwyd salm ar y palmant;
yn y sialc, gwnaed wyneb sant
yn dyst i'r doniau distaw'n
canu ei glod cyn y glaw.

Emyr Davies

Llais Pavarotti

A oes sain fel ei lais o,
y llais mawr sy'n llesmeirio?
Mae'n goflaid o ddireidi,
yna'n waedd i'n dychryn ni;
mae'n drydar, yna'n daran,
hoen a gwae, maent yn ei gân.
Tyner waedd y tenor hwn
yw asiad pob emosiwn:
ei wyneb yn drist ennyd,
yna gwên drwy'r dagrau i gyd
a nodau yn ochneidio
gan y wefr o'i ganu o.
Weithiau ust y soddgrwth yw,
neu hud telynau ydyw,
yna utgyrn yn datgan
eu heitha' ar gopa'r gân.
Rhyfeddod ym mhob nodyn
a'i gwna'n gerddorfa o ddyn.

Emyr Davies

Tre-saith

Darfu yr Awstiau hirfaith
ar y swnd ym mae Tre-saith
lle bûm ger y pyllau bas,
neu'n erlid tonnau irlas.
Roedd llethr uwch dadwrdd y lli
a dyrnaid o dai arni
a'u hoedl oedd fel cragen dlos,
cragen ymhlith caregos.
Ond y trysor a dorrwyd
gan ferw y llanw llwyd;
gwnaed cofeb o bentre bach,
o gymuned, gwymonach.

Emyr Davies

Malu

Mewn bar twym un bore teg
eisteddais. Wedi deuddeg,
parhau a wnes drwy'r prynhawn
i eistedd yno'n ddistaw'n
mwynhau, dros fy lemwnêd,
wrth gael hoe, ac wrth glywed
sŵn di-baid beirniaid o'r bar,
gwŷr llog y geiriau lliwgar,
yn seiadu yn siwdaidd,
heb hiwmor, yn bropor braidd.

Dyrnaid o ôl-fodernwyr
a bôrs yr ôl-farcsiaeth bur
a thwr o ôl-strwythuriaid
ar led yn yfed mewn haid,
gan ddadlau am oriau maith
mewn hyddysg ymenyddiaith
yn groch ac mewn geiriau od
am fanion mwyaf hynod
a throeon theorïau
rhyfedd llên, fel perfedd llau.

Hyd ferw nos y dafarn hon,
meddwai'r academyddion.
Troes trafod yn dafodi,
a lle bu gwarineb, gri;
geiriau llym wedi pum peint
a chwffio wedi chwepheint,
cyn i un strab cynhennus
eu huno drwy bwyntio bys
at ŵr ifanc reit ryfedd
od ei wisg a llwyd ei wedd,
a gwaeddodd gan gyhoeddi:
'Rhyw ddiawl o fardd welaf i,
un o hyrddod blin *Barddas*,
eu camp mawr yw cwympo mas;

anhyddysg gynganeddwyr
cywyddlyd, cysetlyd, sur.
Mae bwrlwm eu rhigwm rhwym
heb gynildeb, gân eildwym,
yn angau i glustiau'n gwlad,
yn ddadwrdd o draddodiad.'

Tawodd, a gwaeddodd y gyrr
un 'Amen' fel emynwyr.
Y gŵr ifanc a grafodd
ei ben, roeddent wrth eu bodd
yn ei wawdio. Ond codai.
Ni welwyd un llipryn llai
ei faint, cans go brin ei fod
mwy nag esgyrn mewn gwasgod
bron, ond llefarai yn braf,
yn Siôn Cent o'i sŵn cyntaf
a thyngai'n boeth ei angerdd:
'Onid yw'n gaeth, nid yw'n gerdd'.

Bu'r bardd yn bwrw'r byrddau
o ddeg tan chwarter i ddau,
a tharanai 'i athroniaeth
ar gywydd yn gelfydd gaeth:
'Rhydd yn wir yw'n hengerdd ni,
rhyddid sy'n canu drwyddi:
rŷm ni yn ein cerddi caeth
yn hawlio ymreolaeth,
eu sain parhaus yw'n parhad,
geiriau rhydd ein gwareiddiad.

'Chwi fyrnau sych o feirniaid
heb gerddi ond poeri "Paid".
Nid oes yn bod ormodiaith
all ddyfalu'ch malu maith;
ŵyn gwan sy'n dilyn mewn gyrr
ofer lwybrau vers-librwyr
a'u brefu "dewr" arbrofol,
beirdd esgus, ffuantus ffôl.

'Ôl-bobol 'ych heb wybod
ffaith anghymhleth beth yw bod,
    dim ond rhyw ôl-fodoli,
    yn chwerw am na chenwch chi,
    yn gaeth i'ch damcaniaethau
    a'ch yfed, chwi bryfed brau.
Y chwain, fe'ch rhybuddiaf chi,
    ymaith yn awr, cyn imi
    i'r eigion eich hyrddio'n haid
    yn gig moch i gimychiaid.'

    Oedodd, a'r barman sydyn
    i fi'n ddig ofynnodd hyn:
    'Ti henwr, clywaist heno
    y ddau a fu'n dadlau, do,
    er mwyn dadmer eu cweryl
    rhanna dy farn â dau ful'.

    Atebais innau, 'Tybed
    ai doeth fyddai hynny, dwed?
Fy mrawd, am nad wyf mor hy',
    na, *nid* wyf am feirniadu;
    i mi, byddai'n ffwlbri ffôl:-
    fi yw'r henwr cyfriniol
    fu erioed yn rhodio'n frau
    yn huodledd ein hawdlau;
dweud rhyw bwt am fynd i'r bedd
a rwdlan am fyrhoedledd.
    Hyd fy oes fy nhynged fu
    dweud fy lein a diflannu.
    A 'rwyf yn mynd i brofi
    hynny'n awr . . .'

    A dyna ni.

    Emyr Lewis

Sbengerdd

Hydref 10fed 1993. Cyhoeddwyd hunangofiant y Farwnes Thatcher
yn blastar dros y Sunday Times. *Rhywle yng nghrombil*
y papurau eraill, ceid hanes ymchwiliad yr Arglwydd Ustus Scott
i helynt gwerthu arfau i Irac

Neidio o brint pennawd bras
mae geiriau llym ac eirias
atgofion drud digofaint,
hanes un o blith y saint.
Gwarchodwraig orwych ydoedd,
os coeliwn hi, seiclon oedd
yn chwythu gwe y chwith gwyllt
ymaith â'i hegni ffromwyllt.
Hi oedd nyrs ein llynedd ni,
yn ei dygnwch yn dogni
ei gwermod rhag bod gormes
iaith wlyb y wladwriaeth les
yn heintio ysbryd antur,
oedi pyls y rhyddid pur
sydd yn hybu diwydiant.
Nid yw'n syn ei bod yn sant:
fel Ffransis o Asisi,
cerddai hedd lle corddai hi.

Ond i mi mewn pennawd mân
y caf y darlun cyfan,
yn syber a di-sebon,
lle mae sens, a lle mae sôn,
mewn print pŵl yn fanwl fach,
am fusnes rhemp, am fasnach
fynn ryddid i broffidio
o bawb, pwy bynnag y bo:
daw bwledi o bladur,
o grymanau, danciau dur.
Mae Prydain i rywrai'n rheg,
a chnul yw ei thechnoleg:
onid oedd yn hogi dur
a phesgi boliau'r ffasgwyr,

mêts Peròn, braddugion bras
wnâi fynwent o'r Malvinas?

Sawl biwrocrat sy'n cwato
y gwir, ei feistir a fo
ei hun, rhag ofn y mynnir
cael canfod gormod o'r gwir?
Gair neu ddau'u 'gwirionedd' hwy
nid ydynt yn wadadwy,
hawdd yw ein hargyhoeddi,
a dyma wnaed, am wn i.
Gêm fach, igam-ogam fu,
gwyddbwyll o dwyll a dallu;
rhoi hanner y gwirionedd
i'r byd, dyna i gyd, â'i gwedd
fel ei llais yn fêl a llym,
yn oslef siŵr lledneislym.

Ond ni ŵyr dynion eira
mor hawdd mae cwlwm yr iâ
yn dadmer dan bŵer byw
yr haul, ond mae y rhelyw'n
dysgu nad osgoa neb
ei wên ddi-dderbyn-wyneb.

O dan yr haul, dod yn rhydd
y mae cwlwm y celwydd.

Emyr Lewis

Marwnad fach i Kilian

Heno mud yw'r hogyn main
rwygwyd yn ddeg-ar-hugain
o'n plith; mae parabl hwn
yn fud. Pa fodd tafodwn
angau, â'n tafodau'n fwg?
Ni roir galar o'r golwg
mewn gair. Pa fodd y geiriwn
roi'i lwch oer yn y blwch hwn?

Emyr Lewis

Ichthos

Hwn ydoedd y pysgodyn,
un llam drwy wyneb ein llyn,
crynu'i don ar ein crwyn dall
esgorodd ar wisg arall,
un naid o weddnewidiad,
y Tyst oddi wrth y Tad.

Heb olau, llawn amheuon
stormus a dyrys yw'r don,
eto mae un Pysgotwr
yn dal i gerdded y dŵr
ac i don amheuon mwys
yn bwrw rhwyd Ei baradwys:
hwn ydoedd y pysgodyn:
hwn ydyw y Duw a'r dyn.

Emyr Lewis

Tjuringa

Un llais 'feddiannodd ein llên,
a rhewodd ffrydiau'r awen.
Fferrodd ein metafforau
yn henaint, yn haint, yn wanhau,
yn farw, yn oferedd
caru byw, yn gancr a bedd.

Llais un cyndad: caniad cant
a dafodai'n difodiant,
creu'n tranc o roi enw trwm
galar yn rhodd i gwlwm
cymhleth holl benbleth ein bod
a'n harfer byw anorfod.

Ond daeth dadmer lleferydd:
â chân dwym o wreichion dydd
deffroaist fferru'r awen
ac amlhau lleisiau llên.
D'wedaist, fel ein cyndadau,
enw'r ddawn o ymryddhau.

Do, enwaist ein dadeni
o laid ein hynafiaid ni,
a'u llu nawr sy'n llawenhau
yn lluosog eu lleisiau,
a gwlad annileadwy
yw cân eu dychymyg hwy.

Emyr Lewis

Cwm Tawe (ymson colier)

Mae craith fy nhalcen heno'n
llach glas lle'r aeth llwch y glo
i'r briw, ac mae eco'r brad
yn chwip sych pob pesychiad,
coch yw chŵydd a chraciau chwys
dwylo araf dolurus.

Hyn ydyw'r cwm wedi'r cau
a thanio'i holl wythiennau:
daeareg didosturi
yn fyw yn yr hyn wyf i;
â hwn yn rhan ohonof
pallu cau mae pwll y cof.

Emyr Lewis

Cywydd mawl i'r gyrrwr bysus ym Mhont-y-pridd

Ha, frawd, nad adwaenost frys,
ŵr o bwys, yrrwr bysus,
yn annwyl fe dderbynni
mewn tagfeydd regfeydd di-ri'n
smala. Nid yw dala dig
ar hewlydd cul cythreulig
Ponti na'i strydoedd pantiog
yn rhan o d'anian, y rôg.

Os daw baw o dîn y bws,
y gêr a'r brêc yn gorws,
os oes llu yn llyncu llwch
bysus, gan droi i beswch
yn dost, os daw diesel du
yn egr a chwrs i lygru
awelon pêr tyner Taf,
os hwyr yw'r bysus araf,
os beia a rhega rhai
hynod fulod Taf-Elái,
hirben yw gŵr y cerbyd,
a daw'r bws o ben draw'r byd.

Emyr Lewis

Y Gaer

(Castell Caernarfon, Awst 1982)

Ar fin dyfnder y Fenai
ei hyder hi sy'n ddi-drai.
Ni ŵyr hon am gur henoed,
nid yw hi'n dyfod i oed;
adeilad trech na dilyw
a thyst o orchestwaith yw.

I ryfelwyr, gorfoledd
a gaed yn ei rhwysg a'i hedd.
Bu'n her i amser ei hun
a chanllaw cad a chynllun.
A'i thyrau hi? Gwaed a thrais.
A'i moliant? Cur a malais.

Yno o wrando'r wendon,
ei chwyn lleddf a'i chanu llon,
daw i gof y cadau gynt,
ein hil mewn ing a helynt.
Heddiw cawn arwyddocâd,
deuoliaeth mewn adeilad.

Cofiwn loes hen oes a aeth
a rhodres ymerodraeth —
a hen boen cenhedlaeth bell,
ein cystudd ar lun castell.
Onid hogi taeogaeth
wnaiff caer fud o'r cynfyd caeth?

Uwch y dŵr a llanw'r llaid
mae trwst carlam twristiaid
a'u gwên, yn dweud yn gynnil
heulwen haf hualau'n hil.

Gari Wyn

Mam

Gwelais fy mam yn gwelwi
yn ddim, nes diflannodd hi.
Hirfaith yw un yn darfod,
ond byr yw peidio â bod.
Yn ei synau disynnwyr
araf iawn yw oriau'r hwyr.
Un ydwyf ag eiliadau
y nos a Mam yn gwanhau.
Ei hanadl yw f'anadl i,
un nos da cyn distewi.

Ond dydd ar ôl dydd rwy'n dal
y gannwyll, dal i gynnal
oedfaon cyson y co.
Un ennyd i benlinio
fy hunan mewn cynghanedd
bur, nes daw o glymau'r bedd,
heb boen, fy hen gwmpeini
o'i chur i fy nghyfarch i.

Gwion Lynch

Priodas

A hi'n noeth yn llawn o nwyd,
yr oeddwn fel mewn breuddwyd.
Gofynnais, 'ran cwrteisi,
iddi ddweud pwy ydoedd hi.
Meddai, 'Fi 'di Blodeuwedd,
y lanaf, geinaf ei gwedd'.
'Yffach! Gwraig Llew Llaw Gyffes?
Go brin bydd o'n blincin blês.'
Hen yw'r ias rhwng cynfasau,
hen yw'r twyll yng nghariad dau.
Mae'r swyn, y miri a'r serch
heddiw'n nhabloids Gwyn Rhydderch.

Gwion Lynch

Ymddiddan rhwng triniwr traed a chlaf corniog

'Dyma job wnaiff i lobyn,
ond gwaith go ddiffaith i ddyn —
bodio traed y byd, i'w trin,
a sawru chwys y werin.'

'Di-achos yw eich dychan
a'ch sgorn, ym mhob corn mae cân.
Ni bu lwmp erioed heb les
na bynion heb ei hanes.
Heb os mae cyfanfyd bach
dan ewinedd dynionach.'

'Reit bos, dwi'n tynnu'n hosan
ogleua hyn, 'fu dŵr glân
ar eu cyfyl ers Suliau.
Drwy'r stêm gwêl gorn i'th dristhau.
Estyn dy ddarn o blastar
gyda sbid, a'th fwgwd sbâr.
Cydia'r llafn fy noctor llon
tyrd i bowdro'r traed budron.'

'Mawredd, be sy 'di marw!
Mae'r pong yn ddigymar. Pŵ!
Diâr mawr! Rhwng pedwar mur
y mae'r oglau mor eglur.'

'Nid wyt am orffen y dasg?'

'Gwsmer, does gen i'm gasmasg.'

Gwynfor ab Ifor
Mai '94

36

I Ronald Williams, Prifathro'r Coleg Normal ar ei ymddeoliad

Yn glaf dan lach gaeafwynt
roedd gardd a fu'n waraidd gynt.
Ei rhosod 'nawr yn ddrysi
a drain yn ei bordor hi.

Roedd ynni'n ei phridd unwaith
gardd oedd lle blagurodd iaith,
ond bellach, dan oerach nen,
rhewynt a chwipiai'r awen.

Ag oer ias ym mrigau'r ynn
gaeafol, hawdd oedd gofyn
'Pwy fynn ei hamgylchu'n gu
a phwy eilwaith ei phalu?'

I'w hau yn goeth daeth un gŵr
wyddai ein ffyrdd, yn hyfforddwr.
Â'i hengrefft bu drwy'r fangre
yn tocio'r llwyn, tecáu'r lle.

Swcrai lafn yn sicr ei law,
anelai'r hof yn hylaw
a phrysur gynhyrfu'r had
yr oedd haul ei arddeliad.

Ac yn nawn ei gwanwyn hi
estyn ei lygaid drosti.
Heno, oeda'n ei hadwy,
mirain yw Mai'n ein gardd mwy.

Gwynfor ab Ifor

Ymddiddan rhwng deintydd a'i gleient

Cwsmer:
Dyfod mewn nychdod a wnaf,
poen yw fy nghymar pennaf.

Deintydd:
Wele, frawd, tyrd heb lwfrhau
i barlwr y wên berlau.
Er pydredd y dannedd du
hawdd fydd dy ailddanheddu.

Cwsmer:
Rho im ffisig, y cigydd,
neu fedd cyn diwedd y dydd.
Cystudd llwyr yw fy hwyrnos,
a chystudd fy nydd a'm nos.

Deintydd:
Yma'n awr gorwedd mewn hun
ychydig, a chei wedyn
godi o'r ddwys gadair ddu
i galonnog ailwenu.

Gwynfor ab Ifor

I fyfyrwyr Aber, ddoe a heddiw

(Ar ôl gweld eu Horiel o Anfarwolion yn yr Eisteddfod Genedlaethol.)

Dyna ing bod yn angof,
brîd y col, byrred eu cof.
Er colli'r hen gewri gynt
di-hid o'u colled ydynt.
Di-anaf yn eu hafddydd,
Di-boen er byrred y bydd.

Wyf finnau'n hen, grechwen grin,
yn anhysbys, yn *has-been*.
Aeth o gof fy nhaith i gyd,
afiaith fy nghwmni hefyd.
Hawliwyd fy siâr o'r helynt
gan blant na holant fy hynt,
Rhai *cool* sy'n meddwl fy mod,
oedd ddoe'n dirf, heddiw'n darfod.

Ni chofir yn hir am haf
yn haul gwyw canol gaeaf,
a di-hid yw'r gawod wen
o chwalu tecach heulwen.

Ha! gyfoedion gofidus,
wedi'r haf, ni ydyw'r us
a dynion nas adwaenir
yw'r to sydd yn tendio'n tir.
Ni chanant, ni chofiant chwaith
y gân fu'n wresog unwaith,
yr anthem a ganem gynt
yn ein hwyl fel ein helynt.

Pwy ŵyr ffawd ein proffwydi
a mae nawr ein hemyn ni?
Ni ŵyr un air ohoni.
Mae haul ein bore melyn?
Mae blas ein cymdeithas dynn?
Golchwyd y traethau'n galchwyn.

Yn ein gwlad mae newydd glic,
ablach mewn lownj a phyblic,
ac o rith cocŵn eu grant
am ystên ymestynant
a chanant, nyddant fel ni
eu caniadau cyn edwi.

Ha thelyn brin y crinwydd!
Di-ddal oedd glendid dy ddydd.
Hafnosau y pibau pêr,
yn chwimsyth daeth eich amser
ac yng nghôl ein dethol dir
eich alawon ni chlywir . . .

Gwynfor ab Ifor

Walter Tomos

I luniaidd ŵr y leiniau,
fwynaf frawd, mae'r molawd mau,
hwn yw cawr tîm glew Bryn-coch,
annwyl gan bawb ohonoch;
Bendigeidfran y faner,
yn ei swydd, mae'n un o'r sêr.

Ai un dwl mewn *beret* du?
Na, Adonis sy'n denu
ydyw hwn a'i siaced werdd,
'rargol! — testun arwrgerdd
yw'r dyn fflei, warden y fflag
a'r hudol ddawn i redag.

Brown ei lygaid fel 'Ffaido',
nid twb ei frên, toi-boi'i fro;
un â graen enwogion *Greece*
yw eilun 'Tim O. Walis',
wyneb fel Valentino —
yn ei wên mae'i ffortiwn o.

Bnawn glawog pan fo'r hogiau
yn colli'n deg, ddeg i ddau,
dod fel bwlat i'r fatel
y mae hwn â'i 'give 'em hell';
'Tactic 'de Mistaf Picton?'
'Cicio mwy, midffild c . . . cym on!'

Fflïai Jorj fel 'rhen Fflô-Jô,
yn heriol, cyn ei lorio;
ar ei gefn ym merw'r gad
am Wali y mae'i alwad,
hwn ar sbîd yn chwifio'r sbwng
yw gofyn pob argyfwng.

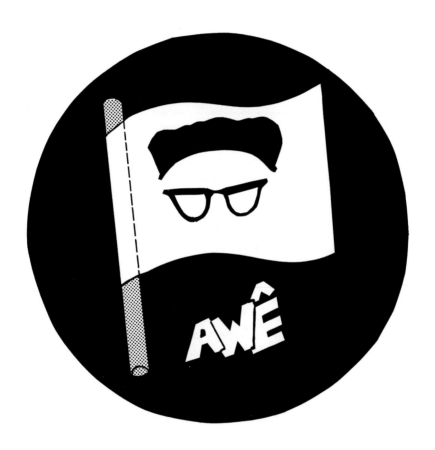

Hwb i anghofio'r cwbwl
wedi'r boen, mynd draw i'r Bwl,
hir y caent 'rôl amser cau
bentwr anferth o beintiau,
nes i fflyd y Cops a'u fflach
faeddu yr holl gyfeddach
ar eu hunion, o'r anwel,
a rhoi'r bai ar Arthur 'Bell'.

O'i wysio i ŵydd Glas a'i wich,
oedi a wnaeth Glyn Ffidich,
deor plan i waldio'r P'lîs,
(mygu amheuaeth, megis),
o wybod triciau 'Coibois',
hawdd o beth rhyddhau y bois,
a Roy MacCoy oedd y Kid
i ddangos sut i ddengid!

Yn arwr cain y ffrî-cic
a twistiwr shots ffantastic,
daw y siawns un diwrnod siŵr
i Wali droi'n reolwr;
heb stryffig, i'r brig yr â
United — 'Asiffeta!'

Hyn o fawl a ganaf fi
i rwydwr pob direidi,
hwn yw'n trymp o leinsman triw,
hync yr anfarwol 'Ffenciw!'

Hilma Lloyd Edwards

I gyfarch Mrs F.A. Powell

*Lluniwyd y cywydd ar gyfer cyfarfod teyrnged i Mrs F.A. Powell, ysgrifenyddes Penuel,
Llangefni i ddiolch am oes o wasanaeth.*

Heddiw, mewn byd anffyddiol
Duw ei hun sydd ar y dôl,
Ainon a Seion 'ffor sêl'
yn nychu mor anochel;
anrhaith lle bu cymdeithas
a rhaib lle bu Duw a'i ras;
elw lle bu eiriolaeth;
y gair i fater yn gaeth.

Anodd yw dyddiau crino
ei bren ir a'i groesbren o
yn y byd, a'i borthiant bas
yn ei ladd, yn ei luddias.
Ond erys iddo'n dirion
ei weddill O'n gyhoedd llon
yn mynnu maeth mewn un man
yn unlle ond y winllan.

Yn unlle yn y winllan
a oes un fel Florence Ann?
Yn ei ffordd yn fawr o ffydd
yn gweini ar y gwinwydd.
Ei chyfan i'r gwinllanwr
Duw ei hun sydd iddi'n dŵr.
O'i garddio fe ddaw gwerddon
yn ei ôl i briddin hon.

Heddiw, derbyn dy haeddiant
ein clod ar dafod, ar dant.
Yn dy Grist y mae dy gred
yn addfwyn, ond yn aeddfed.
O'r cyfan o'th wasanaeth
i Dduw, anrhydedd a ddaeth
i'r deyrnas uwch teyrnasoedd,
ar y 'Gair' rhoist fri ar goedd.

Huw Dylan

Hydref 1993

Dafydd Jenkins y Gyfraith yn 80

(1991)

Hyfryd iawn yw'r ddedfryd hir,
dwi'n siŵr, i ŵr a yrrir
gan awch nad yw'n gwanychu
ysfa i'n hatgoffa'n gu
fod diben i'n gorffennol —
hwn a'n gwnaeth yn gaeth i'w gôl.
Ail Hywel, fe'n goleuodd
am 'foes', 'ach', a 'mach' 'run modd.
Hyfryd ganddo ein cyfraith
iddi hi rhoes oes o waith.
Wyth deg mlynedd a aeth, do,
sy'n drist, ond ceisiwn drosto
yn unplyg bedwar ugain
eto i'w rhoi at y rhain.

Ifor ap Glyn

Cywydd y feirniadaeth

(*I Nhad-cu pan enillodd 3 gwobr am ei ddahlias, mewn sioe flodau lleol. Dyma'r tro cynta' iddo gystadlu ac yntau'n 88 oed. Bu farw bythefnos yn ddiweddarach.*)

'Mistar Hughes, chi'n giamstar, wir,
a roes echdoe i'r sychdir
wreiddiau a dyfai'n raddol
yn wledd o liw hawdd ddi-lol,
a dim ond bardd o arddwr
a goda bob dahlia'n dŵr,
a phob lliw yn driw i'w dras
— wy'n dwli ar eich dahlias!
Yn ddi-os maen nhw mor dda,
i'r brig ânt, â'r wobr gynta!'

Ifor ap Glyn

Methu mynd i briodas

1989

Uwch fy ngwaith, chwifia fy nghân
yn gymhleth fel ail Gamlan;
rhyw slaf a godaf o'r gad
i'w yrru'n ymddiheuriad,
i gario gair lleygwr gwan,
gair at Robin ac Eirian,
i dystio yn dra distaw
am siomau y ddau na ddaw
i roi cathl yn eich dathlu —
yn wir, i'r ddau, mae'n awr ddu.

Ifor ap Glyn

R.E.

(*I Sion ei fab a Mrs R.E.*)

'Rhen leidr wrth gipio'r meidrol
er hyn a âd rywfaint ar ôl;
derfydd oes, ond rhyfedd yw
i dad nid darfod ydyw.
Ei dalent drwy ei deulu
praff yn saff o'n cwmpas sy'
a'i eiriau hefyd erys
yn brawf o ddysg heb ôl brys.
Atseinio'n gyngerdd cerddi
wna awen rwydd 'rhen R.E.

Ifor ap Glyn

Cyfarch y capten

(Ar ôl tymor cynta' hynod aflwyddiannus Clwb Rygbi Ifor Bach)

Pyb llawn, yna cwyd pob llaw:
llwncdestun i'r llanc distaw.
Nid hawdd fu capteinio tîm
fu'n whare fel ofn harim.
Mae mwy o fynd mewn Indians
ein tîm ni sy'n rêl tîm *nance*
ond yn y pendraw daw dydd
y gwelwn gyda'n gilydd
hwn yn *captain* mewn *cup-tie*:
enilla wobr a dim llai!
Dyw Phil erioed 'di ffili
roi hwb yn fy chwarae i;
boi apt i fod yn gapten
mewn glaw a baw, fo sy'n ben.
Gwydrau fry yn llu 'mhob llaw:
llwncdestun i'r llanc distaw.

Ifor ap Glyn

51

Dyweddiad Arwyn a Mari

Iddo fo, hon oedd y ferch
a drysu wnaeth o'i draserch.
Ei heglu am Fryneglwys
a'i gar yn troi'r lôn yn gŵys;
ysfa am briodasferch
yn sicr oedd tu ôl i'w serch.
Ond araf ydyw Arwyn
aeth hwn i oed, aeth yn hŷn
ac er mai'r nod oedd pr'odi
wnaeth o ddim sôn wrthi hi!
Dim si am ddyweddïo
ond brwd oedd am fynd i'w bro:
Heol y Bryn aeth yn waethwaeth.
O'r diwedd newydd wedd ddaeth
a rhoddodd fodrwy iddi
yn wŷs aur am ei bys hi.
Mae'n hysbys ar fys y fun —
mae Mari nawr am Arwyn.

Ifor ap Glyn
1986

Anadl Llywelyn

Mae'r ffin yn y cyffiniau,
pridd ei gwytnwch yn parhau
i serio'i hanes ar wyneb
erwau ein hiaith, ein tir neb.

Isel anadl Llywelyn
yw'n hiaith uwch y meini hyn,
yn herio mwy i'w siarad
a chyffroi uwch ei pharhad.

Rwy'n ei dal, ei dyfalu
yn law plwm, yn wely plu,
ein henaid, ein cyfrinach,
yn wrid byw, yn gariad bach:

'n eiliad, yn gennad, yn gân,
yn llewyg, yn dylluan,
yn ochenaid cofleidio,
yn fraw, 'n ddafnau glaw, yn glo

marw, yn gwlwm hiraeth,
yn awr wedi'r wawr ar draeth,
yn chwedl ein cenhedlu,
'n awelon tân, yn lond tŷ:

yn gasgen, yn gyflenwad,
'n oglau iaith, yn ganu gwlad,
yn rheg ar garreg, yn gri
yn achwyn drwy'r cromlechi:

'n adlais hud y chwedlau,
yn barhad, yn fywyd brau,
yn bris, yn ddewis, yn ddadl,
ni ein hunain, ein hanadl . . .

Isel anadl Llywelyn
yn fyw i ni yn fan hyn,
ym Muallt, ein llyw alltud
fu'n curo, curo cyhyd:

A'r ateb sy'n wefr eto,
'n rhaeadrau ar fryniau'r fro,
'n rhuthr a her, rhuthr a cherrynt
ymgyrchu yn gwaedu'r gwynt.

Rhwyga'r wawr drwy'r gororau
a'r haf o'i hôl yn cryfhau:
mae'n hiaith yn y meini hyn,
yn lle olaf Llywelyn.

Iwan Llwyd
Gorffennaf 1993

Tafarn y Werin

Mewn breuddwyd bûm ar grwydyr
allan dros farian at fur
a thyrau a phyrth euraid
yn rhes, a hanes fel haid
adar Rhiannon hudol
yn dwyn i'w nyth ein doe'n ôl.

Crwydrais bob cwr i edrych
a welwn i Helen wych
yn frau rhwng y tyrau tal,
a'i hias drwy'i choed yn sisial
alawon cerddorion ddaeth
i daro cordiau hiraeth.

Crwydrais, ond ni welais neb,
'dyw y cyfan ond cofeb
i wŷr mawr wnaeth goncro'r Maes
a Charlo'n ei gadach eurlaes:
cerrig a gwawd concwerwyr
tre'r Cofi yw meini'r mur.

Crwydrais y dre a cheisio
hafan a thân dan ei tho:
gwag y cei a phont Seiont,
neb i'w weld yn Nhan-y-bont,
tywyll nos drwy'r Twll-yn-wal,
rhewynt yn oeri'r Roial:

Crwydrais, cyn clywed lleisiau
drwy nos oer y dre'n nesáu:
lleisiau cymeriadau 'mro
ar yr awel yn rhuo
a throstyn', deryn yn dŵr
a'i windy'n storm o ddwndwr.

Wedi'r crwydro, yno yr oedd
ein cenedl yn eu cannoedd,
tyrfa a nerth ein tref ni,
iaith ac afiaith y Cofi
'n llenwi bwyty Kenny Khan,
yntau a'i wên ar bentan:

Eryr Tafarn y Werin,
eryr gwladgarwyr, a gwin
ei groeso'n llifo'n llafar,
twrw beirdd o bobtu'r bar
yn rhoi mawl drwy'r oriau mân
i eryr y gwallt arian.

Iwan Llwyd
Tachwedd 1993

Cofio Jamie Bulger

Mae clywed am ddyn yn lladd ei frawd bellach yn elfen drist ond cyfarwydd o'n cymdeithas, ond mae sôn am blentyn yn troi'n llofruddiwr ar ôl gwylio ffilm fideo yn ddatblygiad llawer mwy sinistr. Marwolaeth rhyddid a diniweidrwydd ieuenctid oedd marwolaeth Jamie Bulger.

Mae'r mis du 'leni'n dduach,
mis yw o boen heb James bach,
ni cheir hwyl na charolau
na gwên seren yn nesáu,
na 'chwaith rhamant 'run Santa
na dydd o newyddion da.

Yn nwfn heth ein hofnau ni,
na welwn ei meirioli,
llawn o ddig yw'r llynnoedd iâ
a thir hiraeth yw'r eira;
mae mwmian ymysg mamau
a chydio dwylo rhwng dau.

Mud yr ŷm wrth fynd am dro,
wedi ennyd ei huno
gwnaed carchar o barc chwarae
a chell o lan môr a chae;
wedi ei ddwyn, ein strydoedd aeth
yn heolydd marwolaeth.

Rhown dorchau, rhown dywarchen
a phridd dros esgyrn a phren,
ond i'r galon eto'n ôl
daw ei enw'n ddirdynnol:
yn pwyso tunnell bellach,
ynom bawb mae Jamie bach.

Meirion MacIntyre Huws

Gŵyl y golau

Pob mis bron darllenwn hanes rhywun yn cael ei ryddhau wedi ei garcharu ar gam am flynyddoedd.
Os oes cymaint yn dod i'r amlwg, faint, tybed o lanciau ifanc dieuog sy'n parhau i ddioddef o dan glo?
Erbyn iddo gael ei ryddhau bydd Siôn Aubrey Roberts wedi treulio deuddeg Nadolig tu ôl
i ddrws cell.

Pan ddaw'n adeg rhoi tegan,
Rhagfyr a'i gur a dry'n gân.
Daw i wlad oleuadau
o ddydd i ddydd i'n rhyddhau,
a daw, i ddadmer ein dig,
awelon y Nadolig . . .
ond i'r un rhwng pedair wal,
eleni daw gŵyl anial.

A ninnau bawb yn bywhau
wrth ddisgwyl gŵyl y golau,
seiniau carol sy'n curo
ar y drws; bydd fawr o dro
cyn cael hongian hosan hwyl
un-yr-un â'n rhai annwyl . . .
ond tynnu'n glyd at dân glo
ni all un mewn cell heno.

Wrth wacáu ein gwydrau gwin
a gwagio bwrdd y gegin,
mae 'na un nad yw'n mwynhau
newynu drosom ninnau:
ar wahân i'w rai annwyl,
ar goll o ysblander gŵyl;
ni wêl wyrth y Geni glân,
heb obaith yw cri'r Baban.

Tra sŵn clo, tra bolltio bar
ac aelwyd yn ei galar,
a deilen o dystiolaeth
yn rhoi i gell gaethdra gwaeth,
pwy wêl werth mewn chwerthin plant?
Pa eisiau miri'r pasiant?
Na, nid gŵyl gweld y golau
yw gŵyl a phob drws ar gau.

Meirion MacIntyre Huws

59

Cydwybod

Na, nid wyf wedi ei weld o,
mi wn, — ond y *mae* yno:
y gŵr nad yw ond geiriau
a'r geg nad yw fyth ar gau,
nos a dydd yn codi stŵr:
fy mrawd iach — fy mradychwr.

Ymaith nid â o'm hymyl:
am roi cam o'r llwybyr cul
fy maglu, fy nhynnu'n ôl
'wna'r swnyn hollbresennol;
hwn yw ystyr diflastod,
hwn yw maen tramgwydd fy mod.

Dianc ar Ddydd Gŵyl Dewi
rhag y cnaf ni fedraf i,
canys, yn fy nghawl cennin,
hwn yw blas pob newyn blin:
yn y dorth a'r gwinoedd da
hwn yw miloedd Somalia.

Yn ffedog y llai ffodus
mae'n ddi-dor wrth bwyntio'r bys:
hwn yw corff yr unig, hen,
a'i lais yw pob elusen.
Hwn yw llef Sarajevo
yn rhoi cic rhwng coesau'r co'.

Yn fy myd bach o achwyn,
neu ar goll mewn môr o gŵyn,
hwn yw llu'r tai papur-llwyd
a dolef y diaelwyd;
yn ei ruo parhaol
mae cri y dall, mae ciw'r dôl.

O! Rhown yr haul i dreulio
un awr heb ei gwmni o;
rhown y byd i gyd i gael
un haf tu hwnt i afael
y gŵr nad yw ond geiriau
a'r geg nad yw fyth ar gau.

Meirion MacIntyre Huws

Ysgol Syr Hugh Owen, Caernarfon

yn 100 oed

Adeilad go fawr o frics coch yw Ysgol Syr Hugh Owen ac yn galon addysgol i gannoedd o bobol ifanc
y Dref a'r cylch. Lluniwyd y cywydd i gyd-fynd â dathliadau canmlwyddiant yr ysgol yn 1994.

Er i amser ei herio,
er taro haint lawer tro,
mae yn Arfon galon goch
a'i hymgyrch dal yn fflamgoch;
drwy aeafau dau ryfel
bu ei pharhad heb ffarwél.

Yn heini, er ei henaint,
hybu a rhoi yw ei braint,
rhoi'n ddiflin o'i doethineb
heb eisiau ceiniogau neb;
o'i gwirfodd rhoddodd i'r iau
darian o gymwysterau.

Hŷn yw'r inc, ond 'run yw'r iaith;
yma o hyd mae'n mamiaith
o wers i wers yn cryfhau
yn hyder ar dafodau.
Ar hen eirfa Caernarfon
erys sglein yr ysgol hon.

Yn un lli'n dilyn y llall,
i herio canrif arall,
chwi'r ifanc dewch i'r afael
â nerth ei gwythiennau hael,
a'r Dref hon i'r frwydr fydd
yn ieuanc yn dragywydd.

Meirion MacIntyre Huws

Cymdeithas Ceredigion

Ar hyd a lled Cymru mae cymdeithasau di-rif yn cyfarfod i drin a thrafod agweddau gwahanol o'n diwylliant. Un o'r rhain yw Cymdeithas Ceredigion sy'n cyfarfod yng Ngwesty'r Emlyn, Tanygroes. Cylchgrawn o gerddi a ffrwyth llafur aelodau'r gymdeithas yw Y Cardi.

Yn Nhan-y-groes mae 'na griw
mawr eu hwyl ac amryliw;
rhai tew annwyl, rhai tenau,
rhai dur eu brîd a rhai brau;
yr hudol wedd a'r di-lun,
y moel a'r copa melyn.

Er hyn, er mor wahanol
yw gwŷr y ddesg a rhai'r ddôl,
un ydynt mewn trafodaeth,
un teulu mewn canu caeth;
yn yr 'Emlyn', un yw'r nod:
yn yr awen maent briod.

Deuant o ben draw daear,
Hawen bell a Themple Bar.
O Lan-non, o Lanina
yn ddof megis gyr o dda,
yma'n llu i'r beudy bach,
i gynnwrf byd amgenach.

Ar gerdd, ar gywydd, ar gân
neu ar awdlau o rwdlan,
mae bloeddio barn, mae sarnu
a rheibio taer o bob tu,
ond eto mae brolio brwd
rhag ffrae hegar, rhag ffrwgwd!

Llond iard o ffrwyth *Y Cardi*
sy' yno'n nawdd i'n llais ni;
ydlan yn stôr o odlau,
a geidw'r hŷn gyda'r iau:
lle i hil gasglu ei llên,
buarth i hybu awen.

Oes, oes mae yma groeso
i bawb pwy bynnag y bo,
i fardd a phrifardd hefyd,
a honno'n galon i gyd.
Yn nwylo'r cwmni solet
yn Nhan-y-groes mae hi'n grêt!

Meirion MacIntyre Huws

Gaeaf

Rhew ac od, clwydi ar gau
a diluniaeth ydlannau,
haen o rwd lle bu rhedyn
a than arswyd, llwyd yw'r llyn.
Yma, lle nad oes tramwy,
a'r maes yn ei ddagrau mwy,
oerach na mêr dyn eira
yw llawr dan fantell o iâ:
Ionawr ddaeth i grwydro'r ddôl
â'i lwydrew ymbelydrol,
ddoe, â'r wawr, bwriodd ei rwyd
a'n bro las a barlyswyd.

Anodd dychmygu gwanwyn
â llid y gaeaf drwy'r llwyn.

Ond er hired yr aros,
er y rhew yn fferru'r rhos,
ni cheir seingar alaru
yng ngalwad y ddafad ddu;
yn ei bref ni chlywir brys
am gau hirlwm ag eirlys.
Am rug ir, am dymor gwedd
mae i hon ei hamynedd:
hi a ŵyr na all hiraeth
fyth ryddhau'r llecynnau caeth;
i weld yr haf yr ail dro
y mae angen ymwingo.

Ni bu elw heb alar
a ni bu rawn heb yr âr.

Meirion MacIntyre Huws

Ffidil a ffedog!

(Dawnswyr Caernarfon)

Rwy'n ei chael yn anodd cadw fy nhraed a'm calon yn llonydd wrth wylio criw o ddawnswyr gwerin,
ac mae cael fy nghyffroi o'r newydd gan draddodiad mor hen yn rhoi hwb mawr i mi. Tra bo gwên ar
ein hwyneb fel cenedl mae yna obaith!

Dal yn ôl bu'n ffidil ni
erioed, heb fawr ddireidi:
canu emyn y ddunos,
canu ing ar gainc y nos;
yn oriau ein pryderon
di-wefr oedd caniadau hon.

Ond, â hyder y werin
a thir a iaith yn ei thrin,
rhoed tiwn i ddeffro'r tannau
a bwa hwyl i'w bywhau;
rhoed awch i guriadau'r dôn
ac alaw at y galon.

Heddiw, mae'r gainc dragwyddol
a'i hacenion eto'n ôl;
mae ffidil ein hil eilwaith
yn rhoi her i ddawns yr iaith,
a'r glocsen bren drwy ein bro
sy'n ateb i'w sain eto.

Wrth droi allan, wrth droelli,
taro hop ag 'un-dau-tri!',
mae'r Hydref fel Mehefin
a pharhau mae ffair yr hin
wrth wau breichiau, cynnes braf
a digawod yw gaeaf.

Â heulwen *Abergenni*
yn brynhawn i'n hwybren ni,
Llantoni sy'n llonni'r llan
ac ail haf yw *Gŵyl Ifan*;
i fywhad *Llangadfan Fach*
Mai yw drwy'r flwyddyn mwyach.

Ydy, mae'r wên eleni
yn ôl ar ein hwyneb ni,
a throtio eto mae traed dyn
i ffeiriau yr offeryn;
hyd y fro mae'r wasgod fraith
yn hwb lle bu anobaith.

Tra clocsio a chwifio'n chwil
ein ffedog i gân ffidil,
bydd dawnsio'n ein calonnau,
o'n swildod awn fesul dau,
a daw i wlad ei hail wynt
i hwylio drwy bob helynt.

Meirion MacIntyre Huws

Elvis

Bu'r hirlwm yn ei gwman
yng Ngheibwr â'r dŵr ar dân;
ac wrth i'r moroedd floeddio
yn gryg a chynrhoni'r gro,
daeth ton o weddwon i wau
mantell o ddiemwntau
ar y gŵr fu'n rhithio'r gân,
a'u hysteria'n ystwyrian
rhyw hen gytgan riddfanus
o'r galon, a'r fron ar frys.

Yn un gân rhwng gwyll a gwawr
darfu'r perfformio dirfawr,
a'r môr yn alarwr mud
yn ei hymian disymud.

Yna doedd ond ust y wig,
a phibydd clostroffobig
yn y ceunant yn canu,
wrth esgyn y dibyn du.

Meirion W. Jones

Stephan Biko

Mae ton y siantio'n nesáu,
a'r môr yn hemio'r drymiau
oni fydd y nos yn fyw
o heulwen megis dilyw,
y ffasgwyr mewn cyffesgell
a thristyd y byd mor bell.

Daw, fe ddaw'r brain i sgleinio
pigau dur wrth grafu'r gro,
cigfrain â'u hochain uchel
dros ein byd o fachlud, fel
swastikas ar garcas gwych
y gŵr â'r breuddwyd gorwych.

Ond tra bo brân yn gwanu
drwy'r gwyntoedd i'r dyfroedd du;
tra bo'r môr sy'n treio'r traeth
yn meirioli marwolaeth;
tra deil mam ei thorch fflamgoch
uwch cyllyll y gwyll sy'n goch
o waed hen brotestiadau;
tra byddo co'n gwrthod cau;
tra bo cân yr wylan wen
yn dristach na'r gair 'Dresden';
tra byddo'r cefnfor gorwyllt
yn gaeth; tra bo hwyaid gwyllt
ar y dŵr ar golli'r dydd
yn galw ar ei gilydd;
tra bo dwylo gwyn y don
yn brodio'u môr sibrydion
yn y bae, a thra bo haf
yn gaeafu, fe'th gofiaf.

Meirion W. Jones

Judy Garland

Yn y gwynt wrth i'r llen gau
mae wylo, a chymylau'n
gagio llaw am geg y lloer
yn nos yr eisiau iasoer.
Mascara a reda dros rudd
neon y lleuad newydd,
a nos o ofn sy'n hir ddwysáu
y waedd o'r unigeddau.

Ond mae glasoed yn oedi
yn rhychau y disgiau du,
a daw i'r byw nodau'r band
ac eurlais Judy Garland.

Meirion W. Jones

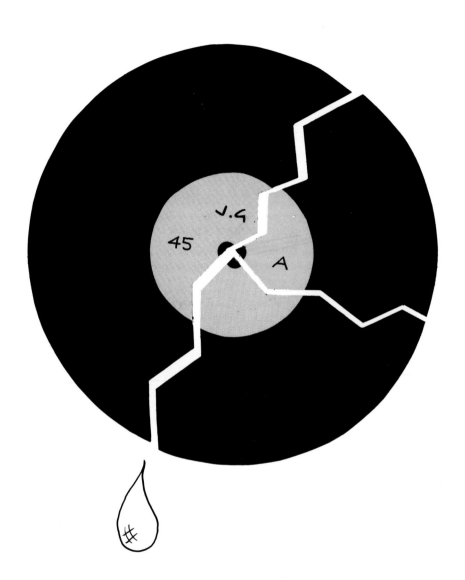

I'r Dr John Davies

Darllenwyd mewn cinio myfyrwyr wrth ddymuno'n dda iddo ar ôl
deunaw mlynedd fel warden Neuadd Gymraeg Pantycelyn.

Rhyw fasg yw pob prifysgol
i lawen lu a hen lol,
i haid flêr a phraidd di-floedd
ar goll tan lwch llyfrgelloedd,
i oriau pêr ar y piss
ac abadau gwybodus.

Ger y lli, mae 'na griw llwyd —
y rhai hyddysg difreuddwyd,
ac yno, dro, cael aml dranc
a wnaeth eithafiaeth ifanc.
Yn ei syrcas, rhydd glasoed
un naid wyllt cyn mynd i oed;
wedi'r stŵr, mae 'na dristáu;
wedi'r hwyl, cadw i'r rheiliau;
yn y bae, mae lli bywyd
yn colli'i asbri o hyd.

Ond mae un sy'n gnawd a mêr,
un â'i wib na fynn aber,
un ugeinoed tan sginwallt
yn driw o hyd drwy'r dŵr hallt;
yn ryff cyt, heb ei sgarff cól
na'i wisg o radd prifysgol.
Rhyw fîtnic comic yw o
a boi sydyn heb sadio.
Daw ffrydiau geiriau o'i geg:
dilyw Rheidol ar redeg;
haf o foi a 'bon viveur'
tan ei griwcyt yn gracyr.

Dawn jîns sydd i'r warden, John,
y denim ymysg dynion,
y *Levi's* bythol ifanc,
y brawd Wrangleraidd ei branc;
athrylith nad yw'n britho
sy'n wefr drwy'i fwstashen o.

Di-henaint yw y doniau,
yn eu preim maent yn parhau:
dawn i weld ein doeau'n nes
a dawn i gydio hanes
y genedl ar ei gwannaf
wrth ysbryd yr hyfryd haf.

Yr wyt sgolar 'hilariws',
ŵr y bîb, ioga a'r bŵs;
ŵr y geg nad yw ar gau;
ŵr eang dy storïau;
ŵr ffar-owt; y sbowtiwr ffraeth;
ŵr y dyner wardeniaeth.

Ceisiaist draw'n ddistaw dy ddull
dros ifanc drio sefyll;
ein ffon a'n hamddiffynnydd
yn y cwest mewn siambrau cudd
ac i hurpyn ar garped
rhoist y gair aur, rhoist dy gred;
y dyn mwyn — buost ein mur,
Preseli i ni'r preswylwyr.

Wedi deunaw'n wardenio,
deunaw ein tân dan un to,
heno i ben daw deunaw bom,
deunaw dy fywyd ynom;
deunaw o un trydan oedd
a deunaw y da winoedd.

O wahanu, dymunwn
iti o hyd, win y tŷ hwn;
ymhell bell eto y bo'r
achosion dros barchuso;
'hyd y daith, cadw dy hun
yn haul, yn Bantycelyn.

Myrddin ap Dafydd
Mehefin 1992

Cnapan '93

Bu haf '93 yn anos na'r cyffredin rhwng siom y Ddeddf Iaith a'r achos ym Metws-y-coed pan saciwyd Cymro am siarad Cymraeg wrth ei waith. Mae'n anodd ceisio cyfiawnhau ein hawliau'n gyhoeddus o hyd heb deimlo weithiau mai ni sy'n od, bod rhyw glefyd ych-a-fi yn perthyn inni oherwydd ein bod am statws gyflawn i'r Gymraeg. Ond mae'r cymylau'n gwasgaru ar ambell ddydd gŵyl pan ddown o'n corneli i ddathlu'n Cymreictod yn naturiol ac yn hyderus. Darllenwyd gyntaf yn seremoni raddio UMCA, Gorffennaf 1993.

Beth i mi yw gobaith Mai?
Infflycs o seirff a grînfflai
a hen ras i roi 'Croesaw'
i gampars, ramblars o draw;
criw wôtyr-sgi'n codi cur,
malwod a blydi ymwelwyr.

Mwy'i hafoc yw Mehefin:
ei Wigan floedd a'm gwna'n flin,
ceir mewn ciw, pla o biwiaid,
cacwn a sŵn Myrsi-said.
Mae'n Wirral hyd Uwchaled,
Conwy'n un â Byrcinhed.

Tri mis o Frymis drwy'r fro,
polen a thrwynau'n pilio,
glan môr y galwyni mwd
a siwrej drwyddo'n shwrwd
a sawl difanars ârs-hol
yn dân ar groen, yn boen bol.

Wyf sînail, wyf fys henoed
yn nhai scons Betws-y-coed,
wyf wahanglwyf i'w hEnglish,
wyf ffwng ar eu chips a ffish,
wyf jyrm estron fy Nghonwy,
salmonela eu ha' hwy,
yn disîs, yn glefyd Sais,
yn hurt ac yn anghwrtais
a fflem i'w fflio ymaith
yw swfenîrs fy hen iaith.

O blwy'r haint, i ble yr af?
Â phoenau fy Ngorffennaf
ynof, un ddawn yw 'ngofyn:
dawn i fod yn fi fy hun.

Mae'r Ap angen ei Gnapan,
angen gŵyl, angen y gân
i roi'n ôl i'w fatri naid
a rhoi anadl i'r enaid.
Yn y tawch, ei fflyd-leit yw,
trydan ei fotor ydyw.

Mi af am Ha' Bach Dafydd
a rhoi traed i'r ysbryd rhydd
sydd yno'n cnoi, gan droi'r drol,
torri'r tresi'n Ffostrasol.

Codi Murphy's, â cham iau,
a rownd i fy hen ffrindiau —
ac mae'n ffair! Gair agored
yn groeso sydd gan griw'r sied,
llaw a sgwrs, arllwys y gân
ac un wlad fel gwên lydan.
Yna gwneud lle i genod Llŷn
i'w hwrê lenwi rhywun.

Yn ein hwyl, boddi'n helynt,
lluchio'n hen gwynion i'r gwynt
a chael romp sy'n chwalu'r iâ
hyd y dim. Nid yw yma'n
hanner nos heno ar neb,
mae banadl ymhob wyneb.

Mi wn y daw fflam ein dydd
i flaen ein nos aflonydd,
un â'i ferw cyfarwydd
yn gyrru'n gwar yn groen gŵydd.
Mi wn y daw yma un dyn
y mae'i olau'n un melyn,
un â'i haul yn ei alaw,
myn Duw, mi a wn y daw.

Dafydd pob breuddwyd ifanc,
dwy droed pob hyder di-dranc
a'i waed coch a'i lygaid cau — a'i ddawn brin
yn codi'i werin i ben cadeiriau.

Dawn i weld y du yn wyn
yw ei obaith. O'r dibyn,
nofia'r dent fry ar ei don,
canŵio drwy'r caneuon.
Wele fardd o hwylfyrddiwr
a gwyd ei dorf i frig dŵr
a rhoi bywyd crib ewyn
i erwau llwm Esgair Llyn.

Yma o hyd mae un mur
a'r un rhai'n dyrnu'r awyr
fraich ym mraich. Un Gymru ŷm,
un gwaed mewn miwsig ydym,
un gân groch gydag un gred,
yn filoedd, yn un faled.

Mae gwinllan i'w meddiannu
a thrwy darth yr oriau du
Ffostrasol sy'n troi'r troliau.
Y mae o hyd yma iau
yn ein clai, mae'r trai'n rhoi tro
a'n heniaith yn Cnapanio.

Myrddin ap Dafydd
Gorffennaf 1993

77

Gwenllian

*Cywydd arall sy'n perthyn i haf 1993. Yn ogystal â helynt Deddf y Bwrdd Iaith, cafwyd
cyhoeddwyd i ymgyrch arall — ymgyrch i roi cofeb yn abaty Sempringham, swydd Lincoln i
Gwenllian, unig ferch Llywelyn a alltudiwyd yno i gaethiwed oes. Tywysoges a gollodd ei gorsedd
ydi'r Gymraeg hithau ac er mor dlawd y gall pethau edrych, mae'r ffaith bod criw bach yn teimlo
hynny yn ddigon i sicrhau y gall ailfeddiannu ei thiroedd.*

Di-lef yw tywod Lafan
a, rhagor, mud yw'r gro mân.
Di-iaith, fel marwolaeth dau,
yw tyniad pell y tonnau
ar y clyw. Tawel yw'r clai
a mynwent yw dŵr Menai.

Wynedd hen, ddi-wên, ddi-wg,
ddi-weryd tan hedd iorwg
a'i henfor cul heb frig gwyn
na chraig i ddal ei chregyn,
heb wybod wylo baban,
heb sgwrs a heb suo gân.

Hi, wyfyn, sy'n amddifad
o orwel hon, heb hawl ar wlad;
di-grud yw ei geiriau hi,
di-aelwyd yw ei holi,
diyfory yw hi'r gowlaid frau,
anllafar ei hunllefau.

Distawrwydd didosturi
sy' yma'n siôl ar ei hôl hi.
Nid oes rhag ei hoes o gur
un gesail iddi'n gysur
yn yr hwyr. Ni chlyw'n ei rhaid
ei chenedl un ochenaid.

Ond pan wylaf, daw Lafan
i grio'r môr drwy'r gro mân.
I'w henw, cwyd llanw'r llais
o fawl wedi'r holl falais
a thrwy hyn, daw hi o'i thrai
i mewn dros dywod Menai.

Myrddin ap Dafydd
Awst 1993

Hon yw'r wal

Yn Nhafarn y Werin, Caernarfon, ailgodwyd wal gerrig enwocaf Cymru o bosib — sef y wal ar dir Bryn Fôn lle daethpwyd o hyd i ddyfais ffrwydrol a wifrau amheus, a hynny o dan amgylchiadau mwy amheus fyth. Ond er chwerthin am ben y fath gawlach ar ran yr awdurdodau, mae'r ffaith fod Siôn Aubrey dal yng ngharchar yn tystio nad yw'r system mor ddiniwed bob amser. Mae dau wyneb i bob wal serch hynny — tra bo un wyneb yn ormes, yr ochr arall iddi yw bod y wal yn ein closio at ein gilydd a'n galluogi i wrthsefyll a goroesi.

Hon yw'r wal am drefn greulon,
mae'n barêd o fraw mewn bron,
wal a gwyd yn ddirgel, gaeth
o wely'r gau-dystiolaeth;
ninnau tan greigiau ei grym
yn waed ddiferol ydym.

Mae hon yn gam ei hwyneb,
mae'n noeth heb hidio am neb,
cwrs am gwrs yn araf gau
un o fewn ei gefynnau;
wal sinistr ac annistryw
yn duo'r haul ar dir yw.

Mae i hon rym i wahanu.
Ei gwg dwfn a'i cherrig du
sy'n rhannu teulu, dwyn tad,
yn gerrig pob ysgariad.
Nid oes byw odisa'i bod
na chwsg lle teifl ei chysgod.

Yn ei gwthiad bygythiol,
mae'r ddeddf yma ar y ddôl;
y wladwriaeth slei-daro
yn dwyll a baw. Ond lle bo'i
thalcen hyll, cyd-sefyll sydd,
crynhoi ein criw o'r newydd.

Hon yw'r wal am y galon.
Yn awr, ein closio wna hon —
hi yw pris Cymru'r parhad.
Drwy'i du y daw'r dyhead
am un cyd-berthyn. Tra bôm,
y mae hon yn rym ynom.

Myrddin ap Dafydd
Tachwedd 1993

81

Yr ifanc hen
(i O.M.)

Gŵr anhygoel yw O.M. Roberts, Dyffryn Conwy.
Mae hanner canrif yn hŷn na mi, yn un o arloeswyr y Blaid ac yn un fu â rhan flaenllaw yn y Tân yn
Llŷn. Eto mae'n ifanc o hyd, yn llawn ffydd a gobaith y daw ei freuddwyd fawr yn wir.

Roedd i ni, â'r ordd yn iau,
ddwy law frwd dros ddelfrydau
ond bob gaeaf arafwn
einion y galon a gwn
nad yn ôl oed neu'n ôl haint,
mai o'n mewn y mae henaint.

Heneiddio drwy'n cyfaddawd
'wnawn i gyd; pob ofni gwawd,
pob dadrith yn ein britho;
pob syrffedu'n grymu i'r gro.
Wrth dewi i'r nos, wrth droi'n ôl,
heneiddiwn yn flynyddol.

Ond o hyd mewn diadell,
un od 'geir a'i ffydd bod gwell
i ddod; ffydd i ganfod gwên
olau drannoeth, fel draenen
o fôn du drachefn yn dwyn
wyneb gwynnach bob gwanwyn.

Â'i hyder, â'i ddireidi,
hen ddyn yw'n cywilydd ni.
Mae'n dân nad yw'n mynd i oed,
gwreichionen heb grych henoed
eto'n ffrwydro â pharhad,
yn fory lond ei fwriad.

Mae'i ofal yn fflam ifanc
a'i heddiw'n llawn o ddawn llanc
na chollwyd mo'i freuddwydion.
Nid â ei hwyl dan y don —
Penyberth y goelcerth gynt
o hyd ei lygaid ydynt.

O na f'ai, waeth faint fy oed
ynof gynnwrf ugeinoed
fel hyn, heb derfyn, heb flwch
na gweryd i'm heiddgarwch.
O am fatsien wen o hyd
ynof i'n fflach o fywyd.

Myrddin ap Dafydd
Mehefin 1994

Milwr

Roedd mab ei fam yn fflamwaed;
sŵn dryms yn cysoni'i draed
pan fartsiai yn lifrai'i wlad
ar ddydd gŵyl; yr oedd galwad
yr Empaiyr yn y trwmped
a dau'n browd yn ei barêd
yn ymroi i'w camerâu
yn swyn y swingio sennau.

Ddoe penllanw berw byd;
heddiw Somme o ddisymud
a thelyn wen ei sennau'n
y gwynt a'i fedd heb ei gau.

Myrddin ap Dafydd
Ebrill 1994

Elen

Ysgrifennwyd hwn mewn ymateb i gais am gywydd ag iddo gymeriad llythyren mewn talwrn.
Dyma'r hyn a gofiaf o'r wefr o ddal fy merch, Elen, yn fy mreichiau pan oedd yn fabi bach.

Awel wawn, haul wedi glaw
a welaf yn fy nwylaw,
a'i hanadlu fel pluen,
anadl lefn dry'n hudol wên
ar ennyd o gyd-rannu
afiaith byw mewn cywaith cu.
Anadl yw o'm hanadl i
a'm hindda'n fwrlwm ynddi,
ac yn nawn ei genynnau
anadliad dyhead dau.
Awyr las, daear lasach
a lanwo fyd Elen fach.

Nia Powell

Cywydd croesawu
Eisteddfod Genedlaethol yr Urdd
i Fro Glyndŵr 1992

Â'r drin yn rhy daer inni
a chno'n hofn yn drech na ni,
o'r tir hwn, o Gymru'r tranc
nid yw yn anodd dianc,
rhag penyd yr ennyd hon
ein rhyddhad yw'n breuddwydion.

Yn nhir ein breuddwydion ni
mae'r hil yn ymwroli,
ac Owain, Owain a'i wŷr
a welwn; mae sŵn milwyr
yn nesu drwy y noswynt,
cyn cilio eto i'w hynt.

Rhag gwasgfâu hwyrnosau'n hiaith,
oni welwn ni eilwaith
yn nharth ein dychmygion ni
y glew a'u harfau'n gloywi,
a'r meirch yn yr oriau mân,
a'n draig a'n Mab Darogan?

Er rhyddhad ein breuddwydion
trech o hyd yw'r ennyd hon.
Ni ddaw byddinoedd Owain
na'i arwyr ef, llwch yw'r rhain;
meirwon pob un ohonynt,
mân ronynnau'n gwau'n y gwynt!

O raid yr â'r dewr i'r drin:
a ni heddiw yw'r fyddin!
Nyni'r caneuon ieuanc,
nyni'r triw yng Nghymru'r tranc,
yn oriau'i hing, nyni'r hwyl,
ni'r her yn nhir ei harwyl.

I gaeau dawns ac awen,
fe dry'r llu, at lwyfan llên;
yno, i'r blaen, dewch, henwyr blin,
a chewch wyrth chwyldro'n chwerthin,
a throir Mai a pherthi'r mêl
â'n hafiaith yn wrthryfel!

Peredur Lynch

Gwylan

Roedd craith i'w gweled neithiwr
yn hollti'r don, lledu'r dŵr,
a'i hystaen fel dawns o dân
yn lliwio'r môr a'r marian.

Crio llesg o graig gerllaw:
âi gwylan gryg ei halaw
uwch dwndwr y dŵr di-hid
gan gyhwfan mewn gofid.

Wylai a fflam drwy'r dyli,
fe wylai tra llosgai'r lli;
un chwa o ing oedd ei chân,
un gri eofn drwy'r graean.

Fe fu'r môr ar dân ganwaith,
bu hithau am oesau maith
yn naddu â llais eiddil
fin nos ar feddfaen ei hil.

Un wylan fel pe'n gwylio'r
gwrym mawr a agorai'r môr;
ei wylio cyn ildio'n ôl,
hedeg at graig gysgodol.

Mae Heledd yma eilwaith
mae merch y gofidiau maith
yn dal i siarad o hyd;
yn llefain drwy'r gwyll hefyd.

Peredur Lynch

Eira cyntaf

(Yn ystod eira mawr Rhagfyr 1981 bu farw fy mam)

Heno mae perthi'r hirlwm
o dan eira cynta'r cwm;
mae ei drwch o drum i draeth,
eira a'i lond o hiraeth:
deil cur un Rhagfyr o hyd
imi yn lluwch disymud.

Eira'n hunllefus oriau,
eira'n fil o ddychrynfâu,
eira dydd fy nagrau dall,
eira ddoe, mor ddiddeall!
eira'r cof chwilfriw, cyfan,
eira'n loes, er hynny'n lân.

Peredur Lynch

Gwenllian

Unig ferch Llywelyn ap Gruffudd (Llywelyn y Llyw Olaf) oedd Gwenllian (1282-1337). Bu farw ei mam, Elinor, ar ei genedigaeth a phrin chwe mis oed ydoedd pan laddwyd Llywelyn yng Nghilmeri yn Rhagfyr 1282. Erbyn diwedd gwanwyn y flwyddyn ddilynol roedd Gwynedd wedi ei llwyr ddarostwng, a thynged Gwenllian fu caethiwed yn lleiandy Sempringham yn Lloegr, a'i gwneuthur yn y man, ac o'i hanfodd fe ymddengys, yn lleian ei hunan. Roedd hynny'n un ffordd o sicrhau na fyddai etifedd uniongyrchol arall i Lywelyn.

Ni welaist, ferch, mo'r eiliad,
ni welaist ti loes dy dad,
na'r bicell yn sgrafellu'n
rhwyll ei ben, na'r dur lle bu
yr holl ewynnau ar waith
a'i ymennydd llym unwaith.

Tu hwnt i'n gwaedd oeddet ti,
ni wyddet ing ein gweddi,
tu hwnt i'n dolef hefyd
a'n dagrau oll yn dy grud;
i'n diodde, diddeall;
i waed y wawr, plentyn dall.

A thrwy'r gaeaf olaf un
ni welaist warchae'r gelyn,
na'i feirch o Fuellt i Fôn,
na llwydwyll ein colledion,
na dawns y pedolau'n dwyn
i Wynedd dristwch gwanwyn.

Yna dy roi'n y côr draw
i eilio siant ac alaw;
rhoi i Fair pob her a fu
a'n hundod mewn lleiandy;
rhoi i'r Iôn ein sofraniaeth,
rhoi yno i Dduw'r ha' na ddaeth.

Ynot hyd dy benwynni
roedd gwlad a'i dyhead hi;
ynot ein breuddwyd ninnau
ac ogof wag ein gwasgfâu,
ac yn dy gnawd gwyn o hyd
roedd haf anghyrraedd hefyd.

Ni welaist, ferch, mo'r eiliad
ni welaist ti loes dy dad,
eto'i waed oedd ynot ti,
ei hen urddas yn corddi,
ynot ei hen sofraniaeth,
yn dy fru ei Gymru'n gaeth.

Peredur Lynch

S4C

Daeth fel gwaedlif anifail
un o dras Edward yr Ail
o'r bru i'n llygru ni'n llwyr
a'i waedd swynol, ddisynnwyr.

Do, fe anwyd breuddwydion,
ond llef o hunllef fu hon,
un llef hir ar ôl y llall,
mor oer. Cilmeri arall.

A'r dynion? Ble mae'r deunaw?
Mae bwyell aur ymhob llaw,
arian lle bu tarianau
a dafn o waed i'w fwynhau.

Di-ben, bellach, yw'n heniaith,
aeth cynrhon estron drwy'n hiaith
i'w chnoi hi yn sŵn ei chnul:
aeth hen wyrth i ni'n erthyl.

Un sgrech faith drwy ein hiaith ni,
un waedd o bicell drwyddi
a'r waedd yn waedd anaddas,
seisnig, gythreulig ei thras.

Robin Llwyd ab Owain

Cywydd coffa i John Hugh Jones, Y Plasau

Rhoi'n y gro un o'r hen griw
ym Mawddwy y bûm heddiw,
yn priddo talp o ruddin,
rhoi dyn cryf dan redyn crin.
Islaw mae calon glaslanc,
enaid rhydd aeth ddoe i'w dranc.
Aeth yn llon i frig onnen
un hwyr ac yntau yn hen;
heddiw mae'r torrwr beddau
yn ei gist a'r gist ar gau;
yr ysgwier dros Gywarch
yma nawr yn fud mewn arch.

Ni ddaw ef o'i ddaear ddu
i Ddinas i'n diddanu,
ond cofiaf tra byddaf byw
y dyn egr, bod unigryw;
cofiaf y gwladwr cyfan,
henwr gwydn, cyfaill i'r gwan;
i'w lan hoff bu'n ffyddlon was,
un mynych ei gymwynas,
ei ddaear oedd yr Aran,
a'i nefoedd lleoedd y Llan,
ac os gâi wŷs i Gywarch,
y Llwybr Mawr a Llwybr Rhiw March,
neu i fyd ei ogofâu,
'na bles fyddai'n hen Blasau.
Efô fu'n mentro 'mhob man,
Eryri, creigiau'r Aran.
Di-ofn yn y pwll dyfnaf;
arwr bro oedd y gŵr braf.
Doniol, gwreiddiol, sicr ei gred,
gŵr sgwâr a'i grys agored
yn herio rhewynt Aran,
y gŵr iach, gŵr ar wahân.

Olion ddoe ddadlennodd in
a nefoedd ein cynefin;
gartref clywais ef yn sôn
am wŷr Maldwyn a Meirion,
deuent hwy drwy ei straeon
o'u rhaid yn fyw ger fy mron;
cofiaf awdur clasuron,
y sbort a'r rhai newydd sbon,
rhai mawr a drôdd yn ddramâu,
a'r rhai hen fel y bryniau;
dichon gwelodd Dydecho
a'i eifr hud pan ddaeth i'r fro;
a gallai weld y Gwylliaid
Cochion hy'n cychwyn yn haid;
'sbeilient eglwys y Bala,
a dwyn oddi ar ddynion da;
o ddydd pell clywodd apêl,
'Cryman am wddw Cromwell'.

Ein braint oedd cael hanes bro
o enau'r gŵr diflino,
ond distaw nawr yw Mawddwy
gweld eisiau Plasau mae'r plwy'.
Yn oesol fel ei hanesion,
deil ei hud drwy'r ardal hon;
clywir drwy'i dir ei stori,
ein cefn da oedd. Cofiwn di.

Tegwyn P. Jones

Ymbil bugail

Pero, tyrd heno o'r tŷ
o glyd gôl dy gywely,
mae gennyf waith amgenach
na hogi Gwen i gi iach.
I'th stwytho, was, y deuthum;
di-fotobeic, di-fet bûm,
a Mawddwy'n ddi-helm heddiw,
felly tro fy nghyfaill triw.
Â'm iaith frith rwy'n melltithio
y gwynt fu fel gŵr o'i go'
yn dwrdio'r hen lidiardau
a bwrw ais y toeon brau.
Beudy Mawrth heb ei do mwy
a'r *Audi* sy'n cau'r adwy.

Gwêl fy niadell bellach
yn baill hyd y Gwndwn Bach;
mae angen Gwen a'r hen gi
a Dyfi'r fach i'w dofi;
a gwyddost fod y postyn
giât hen lawr i Goed Tai Ynn
yn y baw, a'r giât ar ben.
Dere i ben y darren,
dere'r gwalch fyny'r galchfaen,
y carw blwydd, sicr o'r blaen.

Tyrd di was, tyrd di i hel
yr hen hychod ffroenuchel
sy'n chwarae hyd y caeau,
nawr y rôg, a hi'n hwyrhau.
A gofi di'r dyddiau da
heno? Dyddiau'r rhwydd wyna,

gold y gors yn gildio gwern,
llysiau â'u lliw fel llusern
yn goleuo pnawn glawog,
a ni'n y glaw'n sych tan glog
byw o gynffonnau ŵyn bach?
A geraist waith ragorach?

Dere, was, ni'th regaist rioed,
dere i ysgog o'r drysgoed,
dere adref â'r defaid
i well lle, na gwely llaid,
cans mae stumog mamog mwy
yn orlawn o well arlwy
na cheir mewn coedwig na chae.
Gad dy chwaer, gad dy chwarae.
Gŵn, rhuwn pe na bai rhaid.
Ar y fawnog mae'r mamogiaid
'nesgor hyd dir agored,
dos was, â nhw i dy sied.

Wyt ddiflas dy gast 'rhen gi,
dere'r diawl, paid â'r dwli.
Na, maddau im heddiw was;
come on, dim ond cymwynas
fach, wyt o'r linach gleniaf.
Yn wir, cawn nhw — dere'r cnaf,
cawn y cwbl y cono call,
os y gweri ar dasg arall
chwarter, hanner yr ynni
'wariaist gynt ar yr ast, gi.

Dere'm deheulaw lawen,
cwyd dy gwt. Cei eto Gwen.

Tegwyn P. Jones

Mae ddoe wedi mynd

Hen ots os mai dyletswydd
dyn siwt a chadwyni swydd
a'm rhwystrodd rhag buddsoddi'n
oriau haf ei hamser hi.
Ni fyddai Nain yn dannod
fy hoe i mi na fy mod
yn rhy brysur, heb rasio
o'r swydd fras i ddoe y fro,
draw i'w gweld hi'n Min-y-Môr.
Er rasio, byddai'r croeso'r
un mor gynnes tra'n estyn
teisen gron a'i dwylo'n dynn
am y plât, a chlamp o lun
ohonof yn fachgennyn
ar y ddesg i'r chwith o'r ddôr.
Hen wraig a'i drws ar agor,
hen wraig braf, a Chymraeg bro'n
ei gofal rwy'n ei gofio.

Am fod euogrwydd blwyddyn
heno dal ar sgwyddau dyn,
yr wyf innau'n darofun
mynd ati hi, bodio'r llun
a chael teimlo ei braich hi
amdanaf yn ymdonni.
Af o raid yn ôl i'r fro
i'w gweled 'rôl ymgilio
cyhyd, 'nôl i fyd a fu
yn wladaidd ddi-deledu.

'Smai?' hwyliog a smala
'Nain, helô Nain? Helô 'na?'
Ni chwyd fy Nain o'i chadair,
nid oes sgwrs; na, nid oes gair
o groeso heno i'w hŵyr.
Oes heno unrhyw synnwyr?
Ceisio eto heb 'mateb
i'w denu hi o wlad neb.
'Nain? Nain, sut 'dech chi heno?
Nain, 'ma law — dois draw am dro
i'ch gweld. Nain, sut mae'ch gwar?
Nain, tydi'n nosi'n gynnar?'
Dibwys yw'r ystrydebau,
er hyn rwy'n dyfalbarhau.
Holais hi, 'Sut hwyliau sy'
Nain? Dois â rhain i'w rhannu.'

Rhoi fy llaw yn ei llaw hi
heddiw, rhoi sylw iddi
gan raddol sylweddoli
nad oedd yn fy nabod i.

Tegwyn P. Jones

Gwyndaf

Gwyndaf yn araf daro
ei droed ar y sbardun dro,
y gyrrwr fel gŵr o'i go'
yn ysu am gael rasio.
Mae'r werin wrth y llinell
a'u bryd i gyd ar le gwell,
yn aros am eu harwyr;
a hwy'n byw ar dennyn byr.

Dau, un . . . Mêt yn sbarduno;
pwnian graean, poeri gro;
cri'r injian yn rhegi, rhu
o ddur yn ein byddaru.
Grym car yn sgwâr am y cefn,
dau eiddil yn dioddef
nes canfod ein haelodau.
Y lôn yn sydyn gulhau,
sgrialu'n sgwâr, leinio sgid;
byhafio fel heb ofid,
hwylia ei *Ford*, gyrr fel ffŵl
heddiw heb gyfle i feddwl.

I 'Killer Kielder', a'r car
yn rhwygo yn chwareugar
drwy gwrlig y coedwigoedd,
hwylio car, ymlacio oedd
hyd ffyrdd hirion unionsyth.
Gweld sitkas, sitkas mor syth —
sgrech, yna tasgu gwreichion
a Mêt fel slêd 'traws y lôn;
taro clawdd, pentyrru clai.
Hwyrnos. Ai diwedd siwrnai?

Y fro a'u gêr 'nun frigâd;
newid olwyn — dwy eiliad;
newid peiriant — amrantiad
i wŷr y lifft gorau'r wlad.
Y tîm yma yn gytûn,
y brêcs dan esgidiau bro
a Dinas yn ei diwnio.

Ap Arwyn wyt feistr peiriant
'narfer y gêr ar dros gant.
Ŵr addfwyn, raliwr greddfol
eleni wyt ddi-ddal-nôl.
Heddiw wyf ddiarffordd ŵr,
a ŵyr Roli sy'n ben raliwr;
boi egr yn llawn bywiogrwydd;
maestro'r sioe, meistr ar ei swydd;
cwlffyn, caled fel celffant;
aer plwyf, El Bandito'r plant.
Ar y dydd ni welir dal
y deifiol sbîd dihafal.

Yn y bore mae'n barod,
yma nawr, dyma ei nod —
heibio i bawb, troi'n ddi-ball,
malurio cymal arall.
Cawn hwyl yn awr 'bycien ni —
'nelodd tua'r corneli.
Mae'r gwron yn gwirioni
drab, dwylo chwarter-i-dri
yn newid, 'na newid nôl
yn rhwydd swyngyfareddol;
rhoi ei farc ar y trofâu
a'i gar ar y llwybr gorau;
sgrechian gan osgoi'r rhychau
dyfnion a'r lôn yn culhau;
Gwyndaf uwch y gagendor,
mae yn chwim iawn uwch y môr;
teiars ôl yn hurtio'r siâl
a'r bodiau'n gwasgu'r bedal,

100

un olwyn wrthi'n chwilio
am afael troed, maflyd tro,
a'i law nawr fel melin wynt
yn ralio drwy yr helynt,
y llaw arall yn lloerig
gylchdroi i'w roi ar y brig.

Tegwyn P. Jones

101

Un Nos Ola' Leuad

(Caradog Pritchard)

Ni bu'r heulwen yn gwenu
ar bentref y dioddef du,
milltir sgwâr yr anwar oedd
a byd heb wyneb ydoedd.
Ac o ganol y dolur
roedd oerfel chwarel a'i chur
yn wawr lwyd ar orwel oes,
yn faen ar atgof einioes.

Un lôn bost yw lein y byd
â baw cerbydau bywyd
dynion doeth yn mynd, yn dod
i'w byd arni bob diwrnod.
Heibio'r llan, heibio'r holl le
ar hewl sy'n mynd i rywle,
heibio yn rhuo'n un rhes
a'r meini'n drwm o hanes.

Mae'r fargen yn amgenach
na gwên byd i hogyn bach,
am mai yno mae'r meini
sy'n rhoi iaith i'w graith a'i gri . . .
Ond tawel yw'r wehelyth
a mud ydyw bywyd byth,
mud yw ei wae am ei dad —
llais hiraeth ni all siarad.

Y mae bwrlwm o berlau
yn y gwyll trwy'r coed yn gwau,
perlau o ddagrau hen ddyn
yn oedi, a mynd wedyn
is y lôn yn afon hir,
yn afon a anghofir.
Llanw hen ddyn yn troelli'n ddall
yn y lloer i bwll arall.

Law yn llaw, ef a'r lleuad,
a'u horiau'n brin o barhad,
yn dod i ddiwedd y daith,
yn ôl i'r llyn yr eilwaith.

Dryswch mewn byd o reswm
yw'r llais dros y gweundir llwm,
un llais yr Wyddfa a'r llyn
yn galw'r unigolyn
o wae'r boen at ddechrau bod
i wynebu'i gydnabod . . .

yr un llais sy'n troi yn llwch,
rheswm mewn byd o ddryswch.

Tudur Dylan Jones

I Washington James,
ar ennill y Rhuban Glas 1993

Ynom yn gân mae un gŵr
o Genarth, sydd yn ganwr
wrth reddf, rhyw weithiwr addfwyn
a doniau mawr mewn dyn mwyn.

Diolch am felodïau
a dawn cerdd nad yw yn cau,
am grefftwaith maith fel y môr
a dawn i fod yn denor.

Dewin o gawr â dawn gwic,
canwr mewn gwisg mecanic,
a'i yrfa fu ymarfer
nodau'i gân wrth newid gêr.

Mae ei lais fel mêl o hyd
yn llifo'n ddi-ball hefyd.
Ef yw'r gŵr sy'n fôr o gân;
ef yw'r llif ar y llwyfan.

Daeth y gerdd a daeth y gair
heddiw i oed, ac ni ddwedai'r
un gŵr sy'n nabod y gân
na chai'r hybarch ei ruban.

Mae'r gair trwy Gymru i gyd
yn wefr mewn nodau hyfryd,
ac â'u miwsig mae Washi
fel afon i'n hudo ni.

Yn unllais codi bonllef
wna gwlad oll o'i glywed ef,
a hwn yw'r un sydd o raid
yn denor hyd ei enaid.

Tra bydd newydd ganeuon
a'r iaith yn y Gymru hon;
tra gweli ar Deifi darth
y gân a ddeil trwy Genarth.

Tudur Dylan Jones

Cywydd cyfarch Dic Jones

Egin gair yw'r gân i gyd,
rhyw un gwir yn agoryd,
rhoi hadau'r gair ar dir gwell
a wna'i gamau, wrth gymell
o'r ddaear y gerdd ddiwyd,
rhoi ei ddawn yn wyrdd o hyd.

Ac o'i enaid, egino
wnaeth hadau ei eiriau o.
Un ydyw cân tyfiant ŷd
â thyfiant yr iaith hefyd,
a rhoddwyd i wareiddiad
fwrdd o wledd gan fardd ei wlad.

Hyd erwau llên daeth drwy'r llwch
ddyn a welodd ddoniolwch,
un all wau cerddi'n llawen
un â'i grefft a grea wên
wrth roi cân i drwstan dro
a cherdd i'r sawl a chwarddo.

Rhydd ei wên mewn barddoniaeth
a rhoi cic mewn cerddi caeth.
O'u geiriau oll fe gei rin
a chei werthoedd trwy chwerthin,
ond rywfodd fe welodd o
y doniolwch dan wylo.

Geiriau'n hiaith mewn deigryn hen,
gwewyr sy'n hŷn nag awen;
o'i nos drist daw rhyw ystyr
yn y gân i leddfu'i gur.
Rhanna o'i stôr nos a dydd,
gwên a gwae yn ei gywydd.

Mae'n llais i'm hanallu i,
yn siarad i'w drysori.
Uno sain gyda synnwyr
mewn un lle, a'u clymu'n llwyr,
eu huno yn gyfanwaith
a'u dwyn i fod yn fy iaith.

Tra bo theatrau bywyd,
a thra bo iaith ar y byd,
dedwyddyd a dioddef
yng ngenau ei eiriau ef
a bery o hyd . . . ni fydd bro
Blaenannerch heb lên yno.

Wyt gerdd y diwylliant gwâr,
wyt heulwen ar ben talar,
wyt farddoniaeth amaethu,
wyt saer gyda'r perta' sy',
wyt â'r ddawn i'm treiddio i
â gair sydd yn rhagori.

Wyt wanwyn o haul tyner,
wyt atgo' maith, wyt gymêr.
Wyt enw mawr, wyt un o'n mysg
wyt wên hawdd, wyt ein haddysg.
Wyt frenin a gwerinwr,
y doniau i gyd yn un gŵr.

Wyt y gallu, wyt gellwair,
wyt chwerthin gwerin y gair,
wyt wers yn fy mhrifiant i,
wyt oludog i'm tlodi.
Wyt fy awen, wyt fywyd,
wyt Bethe'r Hendre o hyd.

Tudur Dylan Jones

(*Rhaglen deyrnged Barddas yn Llanelwedd 1993*)

Catrin yn dechrau siarad

Rhannu fy iaith â'r un fach
fu allwedd ein cyfeillach;
agor dôr i wlad o iaith,
i'r rhin sy'n un â'r heniaith.

Hen lais fy ngorffennol i
roddaf yn drysor iddi,
hynny o'r iaith sydd ar ôl,
Dyfedeg ei dyfodol.

Rhoi i hon barhad yr hil,
ei roddi er mor eiddil,
cyn bod poenau geiriau'r gân
yn faich ar sgwyddau'r fechan.

Tudur Dylan Jones

Ha' Bach Mihangel

Â'r gaeaf bron a gafael
ynom i gyd, mae i'w gael
heibio'r haf rhyw felyn brau
yn hydref o belydrau.

Cyffroad un eiliad yw
ac oed byrhoedlog ydyw
pan fo lliw'n dod i'w ddiwedd
a'r byw yn wynebu'r bedd.

Yn yr hwyr cael darn o'r haf
yn haul ein cyfle olaf
wrth ddod i wybod na all
yfory roi haf arall.

Tudur Dylan Jones

Ryan Giggs

Yn sŵn y ffans yn y ffydd
ym Man. U. mae un newydd
i'w addoli'n ddiflino
a chanu i'w allu o,
ac yn llawnder y teras,
ym merw'r hwyl, mae rhyw ias
newydd i bawb yn ddi-ball:
y stori fod Best arall.

Ym mron y dorf, mae'r hen dôn
yn canu dros Fanceinion,
ac afiaith tyrfa gyfan
yn seinio 'Giggs' yn y gân.
Wrth chwarae'i gae tua'r gôl
y mae'n ddof, y mae'n ddiafol;
a wêl wyrth ei sgiliau o,
a wêl drydan pêldroedio.

Un â'r ddawn mewn unarddeg,
a'r direidi i redeg
gan wibio heibio o hyd
yn ddewin uwch pêl ddiwyd;
yna'i hesgyn o'r asgell
draw i'r bocs fel neidar bell,
a phen pob amddiffynnydd
er eu dawn yn colli'r dydd.

Agor bwlch a ffugio'r bas,
yn beiriant creu embaras,
yn igam-ogam ei ôl,
yn freuddwyd, yn wefreiddiol.
Mewn eiliad, mae'n anelu
ei siot, a'r gôlgeidwad sy'
ar ei liniau'n ddagreuol
wrth fynd drachefn i gefn gôl.

Mae ein holl wefr mewn un llanc,
y diofid o ifanc,
ond a fu hyd ei fywyd
yn goch trwy'i wythiennau i gyd.
I'r chwaraewr, ei fwriad
yw byw i'w glwb ac i'w wlad,
a rhoi'i hun yn arweinydd
i sŵn ei ffans yn y ffydd.

Tudur Dylan Jones

Glaw

Mae'n law yn Llydaw, a lliw
'r briddell yw'r aber heddiw.
Ym mrigau'r coed mae'r eigion,
a hwyliau'r dail ar y don,
y cnewynt yn cyniwair
a threio'n y gwymon gwair,
bostio drwy'r gwrych fel beiston,
cilio i'r cyll fel distyll ton.
Trwy gae ŷd, a'r giât ar gau,
daw'r gwynt â helynt hwyliau,
dim gwylan o wahaniaeth
yn y tir oer, yn y traeth,
a berw harbwr o hirbell
fel cyfarth buarth o bell.

I far Michlin â minnau,
â chôt na fedraf ei chau
yn llawn gwynt fel lliain gwyn,
cloffi drwy'r rhwydi rhedyn,
heibio'r cae fel harbwr cyll,
at y bae fel cae cewyll,
baglu'n y rhedyn rhwydi,
y cei'n llwyn, a'r caeau'n lli.

A'r dyn mwyaf dilafar,
mwyaf dwys ar bwys y bar,
fel cwch yn y mwrllwch mwg,
a niwloedd yn ei olwg:
daeth o dalar bella'r byd,
yn ffaglaes ac yn ffoglyd,
a hyd lawr gwlyb ei sgubor
mae ŷd cimychlyd y môr.

Twm Morys

Gwanwyn mud

Gwenaist pan ddaeth y gwanwyn
heibio'r hesg crinsych a'r brwyn,
a'th ddwylo'n sôn am synau
'r winllan oer yn llawenhau;
llaw'n 'cau rhoi, fel y llwyn crin,
llaw'n agor yn llawn egin,
llaw yn gath mewn llwyn o goed
yn tramwy'n feindrwyn, fandroed,
llaw'n fargod yn cysgodi
adenydd newydd — i ni
gael ei weld, dymor dy glod,
yn tyfu fesul tafod.

Twm Morys

Mam am y bwrdd â mi

Roedd Mam am y bwrdd â mi,
â'i dwy law'n dal i weini.
Byth yn sôn am y llonydd,
a grisiau mawr distaw'r dydd,
heb y plant, heb Tada'n tŷ,
yn sachaid o besychu,
ond yn cydio'n y cadach,
fel ar hyd ei bywyd bach,
â'i holl nerth yn golchi a llnau
a smwddio, hyd nes maddau . . .

Llyncais lond ceg o regi:
roedd Mam am y bwrdd â mi.

Twm Morys

Tai

Trio gweld yr wyt drwy'r gwyll
lun tai mewn hen lyn tywyll.
Ond weli di mo doeau'r
un dre', a'u landar o aur,
arian llachar yn llechi,
neuadd hir, ac ynddi hi
well na thrimis o risiau,
a'i phyrth yn wyrth o fwâu.

Tria weld y tŷ a'r wal
wen wen ar y rhiw anial,
a'r bargod sy'n cysgodi
mwy na neuaddau i mi.

Twm Morys

Un bore oer

Un bore oer yn llawn brain
rhegais fy neg-a-thrigain,
lleidr y corff, a holl dai'r cof
fu unwaith yn dref ynof.

Ond â rhyw sgriffiadau rhwydd
amlwg, bu hogyn chwemlwydd
yn tynnu llun blodyn blêr
a hwnnw ar ei hanner.

Gyda 'mod yn ei godi
yn nes at fy nghalon i,
darfu'r lleidr yn nhanbeidrwydd
melyn y blodyn pen-blwydd.

Twm Morys

Y Cwm

Rwy'n ei weld rŵan o hyd,
y fuwch a'r llo'n cilfachu
dan y derw, a'r erw irwair,
rhai'n gwag-swmera'n y gwair,
llawr cwm oll a'r caeau mân
llafurfawr nawr yn arian,
nawr yn aur . . . Tithau'r teithiwr,
be' weli di heblaw dŵr?

Twm Morys

Tref

Yli hwn yn penlinio
i drin ei bren eirin o.
Du yw'r goeden eleni;
mae'r dref yn ei mwrdro hi.

Ac yli'r cyfog olew
hyd y dŵr, a'r dŵr yn dew.
Hola di y silidón;
mae'r dref yn mwrdro'r afon.

Af o'r fan yma fin nos
i regi i'r bar agos,
a rhoi cweir cyn amser cau;
mae'r dre'n fy mwrdro innau.

Twm Morys

Cyn fy mod wedi codi

Cyn fy mod wedi codi
i hel 'y mhac, mae'i chwlwm hi
amdanaf. Pan af y nos
i ddengid, mae'n ymddangos
drwy'r poteli bach llachar
yng ngwydyr budur y bar,
a draw 'nghanol pob olwyn,
yn gyll, yn frithyll, yn frwyn,
yn hen daflod lygodlyd,
yn wynt ac yn law o hyd,
yn filoedd o afalau
ac yn un dymestl o gnau.

Rhaid ei harddel, yn gelwydd,
yn rheg, neu yn esgus rhwydd:
fel rhyw bigyn, bob munud,
yn 'y mhac mae hi o hyd.

Twm Morys

Yr oedd unwaith

Yr oedd unwaith gerdd ynof
fel gordd yng ngefail y gof,
    a fedrai hel Llywelyn
    a Glyndŵr i galon dyn,
wrth guro a churo chwedl
ein gwahanu yn genedl.
    Am y gorau mi gurwn,
    oni chlywai Sais y sŵn.

Pan welaf oruchafiaeth
y cnaf, pan ddalltaf na ddaeth
    namyn gwreichion ohoni,
    O, mae na fom ynof i.

Twm Morys

Diolch

Daeth ei gar mawr lawr y lôn
ar dywydd mwyar duon.
Gwrando ar ei radio'r oedd,
a dôi'r sgrech dros y gwrychoedd,
a'r car fel 'tai o'n siarad
ar ei hynt am bethau rhad . . .

'Hey, you there! Where's Killmerry?'
Dangos y lôn wnaethon ni,
a ffwr' â hwn, heb 'run ffarwél,
guwch yn uwch na ffroenuchel.

A dyna gerdded wedyn,
a gweld ôl egwyl y dyn
wrth y giât, lle'r aeth â'i gar,
a'i ddiolch hyd y ddaear.

Twm Morys

Gair o groeso i Eisteddfod Genedlaethol yr Urdd Bro'r Preseli 1995

Oes alaw ym Mhreseli?
Wel oes! ac alaw yw hi
i ddenu'r Cymry 'mhob cwr
i fyd yr eisteddfodwr.

Mae'r haf yn alaw'r afon,
hwyl a'i dawns ar ael y don,
a'r don yn llawn barddoniaeth
o lanw a thrai i lyn a thraeth;
a chân ar lwyfan o lwyn
yn gynnyrch di-fai'r gwanwyn;
dôl yn gân actol ar waith,
yn ieuanc eto'i chywaith
a'r drumau'n chwarae drama
uchelfrig epig yr ha';
opera roc a bandiau pres
(caniad y goedwig gynnes);
a llawr pant yn basiant byw
yn adrodd cerdd ddiledryw,
a chyngerdd lond y gerddi,
rhaeadrau y lliwiau'n lli';
onnen Sbaen ar daen dros dir
yn fedal am wddw'r feidir,
a'r banadl yn cystadlu
â'r un ddi-ail ddraenen ddu,
a chlêr ffrwd yn frwd am fri
dan hon yn cadw'n heini,
a champwaith rhyddiaith y rhos
yn aur, a'r geiriau'n aros,
coron mynydd Carn Menyn
a mawl gwedd cymylau gwyn;
y Fwêl, hithau'n bafiliwn,
am mai y sir yw'r maes hwn,
a'i phentrefi'n stondinau
o gylch y Fwêl yn gylchfâu;

gwersyll cors a'i bebyll cawn
gan su yr hwyrlu'n orlawn;
hwyrnos fel arddangosfa
o liwiau ar waliau'r ha',
a cherdd dant y nant a'r nos
am awr y wawr yn aros . . .

Oes hwyl ym mro'r Preseli?
Oni chlywch ei halaw hi
yn bersain, a'r drain yn drwch,
yn un alwad? Anelwch
chwithau i'n dalgylch weithian
yn glyd i gwêl gwlad y gân.
A'ch cadair? — Esgair a rhos
a gŵyl deg aelwyd agos.

Wyn Owens

Cwyn G.T., A.W., R.R., E.J. ac eraill

I'n diogelu o bryd i'w gilydd, yn rhuad ar radio, yn oleuedig ar deledu neu yn wepian mewn papur,
cawn y diwn gron hon gan rai o'n gwleidyddion di-ail — yr un hen gân a'r un hen garth.

'Mae rhai yn fy Nghymru i,
mêniacs na charant moni,
a'i thwf gan lais eithafwyr
yn gibwts y golwg byr.
Ffanatics a'u hantics sâl
yn peti, pwy a'u hatal?
Er eu wewian a'u reiot,
fandals llwyr na ŵyr 'run iot
yn y bôn yw'r cnafon; cnwd
o Gymry lloerig amrwd.
Lol anghyfrifol afiach
yw cred y penboethied bach;
confoi o niwl y cynfyd
na ŵyr beth yw gorau byd:
terfysgwyr, ffasgwyr, mae'n ffaith,
a'u gwefr yw torri'r gyfraith.
Yma mae trawma tramawr:
Welsh Not fu, *English Not* fawr
heddiw'r dydd sy'n graddio'r daith —
Ydy! y mae'n anfadwaith.
Apartheid, o bob hurtwch,
yw blys truenus y trwch!
Pa hawl waeth na thrwytho'r plant
a'u dallu mewn diwylliant
diamddiffyn cyfyng cul,
a'u nychu gan iaith wachul?
Dyna gosb! eu cadw'n gaeth
i eiriau rhyw ddeddfwriaeth.
'Sdim ecsciws, pa iws paso
lefel A neu lefel O
yn yr iaith pan fo'n rhy hen
i swing yr oes a'i hangen?

Caffaeliad amhrisiadwy
os am waith a *wages* mwy
yw'r iaith fain, mae'i gwerth o fudd
i ddeiliad gwlad a gwleidydd.
Dwedwch! pa werth trafferthu
i safio iaith oes a fu?
Ar glos neu ffald mae'i baldordd
yn iawn i fferm — yn ei ffordd,
ond ymhle wrth ddod ymlân
y mae amod i'w mwmian
tu-fâs i iet y geto?
Bu erioed yn rhwystr i'n bro
ym mhob sens, niwsens i ni,
rhoddwch y gorau iddi.
Eithafwyr byth a hefyd
sy'n ceisio lambastio'n byd
â'u nonsens, mae'n esensial
tynnu'r ffrwyn, eu dwyn a'u dal
cyn bo'u marc yn hybu mwy
ar rawd anghymeradwy.
Rwy'n ypsét, dwedaf eto,
nhw a'u trais, ni wna mo'r tro.'

Wyn Owens

Y ffordd osgoi

O! 'na braf cael mynd heb raid,
gweini ar gyfer gweiniaid,
troi'n angof pob un gofal
a'u taflu ar deulu i'w dal.
Onid iawn i'r sâl dalu
eu dyled? Taled pob tŷ!
Fe'u trown o'r ward i'w hardal,
rhoi'r gwendid yn llaw'r di-dâl.
Nid oes glaf lle nad oes glan
i'w ofid iddo'n hafan;
a ddihoena'n ddiwyneb,
yn ei wendid nid yw'n neb.
Nid oes cur heb ffigurau,
na dioddef mewn cartref cau.

Am mai hen yw'r gymuned,
dan hen raid pob dyn a red
hyd lôn y bodlon eu byd
i ddiddig oddiweddyd,
heb weld na phlentyn boldew
na'r gloes yn crebachu'r glew;
rasio'n ddewr a'r asen ddur
o'n deutu'n ddigardotwyr,
heb 'run cardbord a chordyn
o lety i daflu dyn.
Cythrwn ar hynt fel cythraul
heb weld tramp dan lamp liw haul,
nac aflwydd o'r lôn gyflym,
na'r mân riddfan ond gan rym
peiriant y cerbyd parod,
awn yn wyllt, awn am ein nod
ein hunain; buain ein byw
heolrydd drwy'r ddynolryw,
a'i hansawdd yn unionsyth
heb drofeydd na thagfeydd fyth;

a chysur wrth lyncu'r lôn
bo'r cyrraedd heibio i'r cyrion.

Wyn Owens

W.R.

Ryw shap roiodd i'r shiprys
got â grân a gwate grys
gwaith i'r iaith, fe wishgodd hi
in bert er mwyn 'i barti.
In 'i ddydd feginodd e
wha Gwmrâg i'r limrige;
dabodd yr odle dwbwl
drw'r felin fel dewin dwl
a rhoi naws i'r geire nwêth:
fe hidodd am dafodieth.
Inte 'nghlwm wrth 'i gwmwd,
wê'r Fwêl a'i gafel mor gwd!
Dim gwanieth i ble'r ethe,
'n'i ddilyn wê llun o'r lle,
a cario Fwêl Cwmcerwn
ar 'i war nath y cawr hwn.

Ing ngwlad y cimeriade
ffein wê dŵr ffinonne dwê.
In niwedd haf minne ddod
i ardal 'i fifirdod
i gofio bardd wê'n gifell
o goleg y gole gwell.
Ar y rhos 'di dŵad sha thre,
un o dribardd y dribe
yn profi âr wês ginarach
a'r ias o fod ar Ros-fach.

Sach i Fangor agor iet
i'r hewl a lenwe'r walet,
'allodd 'i fro mo'i illwn —
Bwlch-y-grôs wê'n aros hwn.

Sach i'r rhifel 'i hela
o ffor co draw i Affrica,
a wedyn wêth, dina ni,
os bwrw am wres y Barri
a nâth, wê bown fod brathad
amal i hwyr am y wlad
in 'i frist i dowys to
y bŵmrang am Shir Bemro.
Os codi o dre'r sgadan
i Felin-fôl in y fan
wê'i hanes, fan'yn heno,
ŷn ni'n browd ima'n en bro
taw'r Preseli wê pia'r
hawl o hyd ar W.R.

Drost frist y Fwêl dath tristwch
mowr a llwyd am roi i'r llwch
un o'i phlant, hadyn o'i phlwy,
un a hidodd am adwy.
Gwlad y 'wês' sy'n gweld ishe
o blwy i blwy 'i brablu e.
Meinach y gwynt o'r mini,
meinach sawlgwaith 'i hiaith hi!
Sdim rhifedd i inte ddanto,
a'r iaith ar wefuse'r fro'n
clafichu'n Nachlog-ddu ddar
cewnu o'r diddie cinnar.
Ond drw'r nidden 'i awen w
sy' bentigili'n galw
arnon i gleimo'r cernydd
a'r Fwêl ble ma'r awel rydd.
Blas a fydd ble safa Wil
in gadarn in 'i gidil.
A ma'r cawl im mhair y co'n
ffrwtian, ta chiffra i, eto.

Wyn Owens

Cyflwyno T. Llew Jones

(I drafod y Cyfansoddiadau, Cymdeithas y Fforddolion Medi '93)

O'i ôl mae *Sŵn y Malu*,
rhoed i bob oed, man lle bu,
g'nhaeaf o ganu newydd.
Clod i Gerdd Dafod y dydd
yw acen iaith *Canu'n Iach*;
awen nad oes mo'i gloywach.
Nid cerdd fo'r gerdd o liw'r gwyll;
rhodded taw ar feirdd tywyll,
a phob rhyw bôs Eurosaidd
a'i druth cyn d'wylled â'i wraidd!
Bardd pob plwyf yw bardd y plant
a hoff fardd llys hyfforddiant.
'Mhob stori gref, unigryw,
arwr o storïwr yw;
os lleufer dyn sail llyfr da,
mae'n ddiamau'n ddydd yma
a rhannu wnawn Dir na n-Og
y cyfarwydd cyforiog.
Cain awdlwr sawl cenhedlaeth,
aderyn du'r canu caeth.
Am ei ddawn bu am ddau ha'
yn cipio safle'r copa,
yn awdlwr 'r eisteddfodlwyth
adeg Awst ym mhum-deg-wyth,
a megis Tensing dringodd
yn y man drachefn 'run modd:
ym mhum-deg-naw ei awen
ddi-baid yng Ngh'narfon oedd ben.
Cadarn fyth yw'r farn a fedd,
un awdl yw ei huodledd!
Arlwy o hyd ei ddarlith,
caffaeliad i wlad ei lith.

131

Am hyn a mwy y mynnwn
roi croeso heno i hwn
i ddechrau'n glau rhag i wlad
suddo mewn cyfansoddiad!

Wyn Owens

I gyfarch Eirwyn George ar ennill Coron Llanelwedd '93

Eilwaith ym mro'r Preseli
mae hanes dy orchest di.
Ti'r bardd a fu'n taro bet,
di-sail yr honiad solet
'roddaist ti'n *Barddas* y dydd
i'n troi oddi ar ein trywydd!

O darddle'r gelf yn Nelfan,
a'r tarddu'n byrlymu'n lân,
i 'Lynnoedd' 'rŵyl eleni,
ar dy gais tywelltaist ti
dy angerdd drwy'r gerdd i gyd;
hen lif sy'n oesol hefyd.

Yn ewynnog ei gynnwr',
drwy yrfa degad bu dŵr
y rhod yn dyfal redeg
i'w daith draw am Bowys deg:
y dŵr glân a dreiglai oedd
yno yn llunio'n llynnoedd.

A'r dŵr hwn fu'n troi dy rod
(dŵr pur dy eiriau parod)
yw'r gloywddwr i'w goleddu
'ngherrynt croes yr oes a'i rhu;
rhediad hen dy awen yw,
teg ffrwd dy gyffro ydyw.

Mae gan hen law yr awen
gof fel llyfr, mae'n gyfaill llên;
gŵr mwyn y geiriau manwl:
gweld y gwir, didoli'r dwl
â chymhendod athro da,
cymen hyd at bob coma!

Gŵyr ryddhau'r gerdd ddeheuig
ac o ba radd dasg y brig;
o ba werth yw nodau bardd
a hanfod cân eginfardd.
Dy sêl yw elw'r Preseli,
a'th ennill, ein hennill ni.

Wyn Owens

Emily Davies

Bu Emily Davies yn ddarlithwraig yn Adran Ddrama'r Brifysgol yn Aberystwyth cyn ymgymryd â swydd Cyfarwyddwraig Artistig Cwmni Theatr Cymru yn 1982 lle bu'r awdur yn cydweithio â hi.

Y mae un dan orthrwm arch
yn y duwch dan dywarch,
a'i hangau oer yw fy nghof
heno. Mae'i hangau ynof;
angau sur ei ing a'i siom,
angau'n drasiedi rhyngom.

I berfedd bedd aeth ein byd,
i fedd o orlawn gelfyddyd,
ac i arch mor unig aeth
eigion o weledigaeth.
Mae'r capel tawel a'r tŷ
yn fynwent i'w llwyfannu.

Herio'r 'hun' oedd theatr hon,
herio enaid actorion
i roi ias yng ngeiriau'r iaith
i'w serio yn glasurwaith
mewn perfformiad teimladwy.
Rhôi nwyd yn eu rhannau hwy
i chwarae bach a chreu byd . . .
chwarae byw . . . a chreu bywyd.

Hi'r athrylith ddarlithydd;
hi'r fam ym mhob 'Cymru Fydd';
hi'r egni, hi'r ffresni ffraeth
hi ei anhygoel gefnogaeth;
hi'r fam yn fy ngyrfa i
a mam y ddrama imi.

Llond llwyfan o ddiddanwch yn ddim ond llond llaw'n y llwch.

Heno mae'n holl lwyfannau'n
angau hon a'u llenni 'nghau.
Heno mud ein holl ddramâu
a mud ein perfformiadau
oherwydd rhoi i'r gweryd
ddrama fawr. Mor fawr. Mor fud.

Ynyr Williams

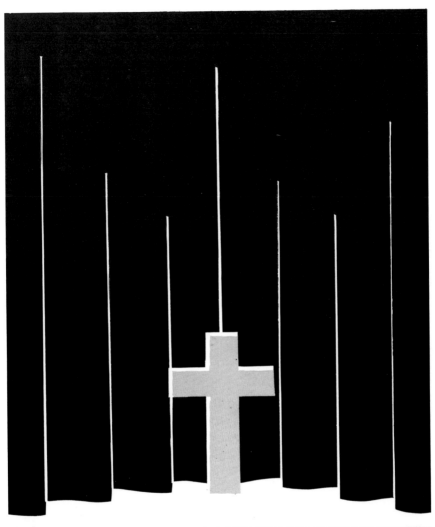

Nodiadau am y beirdd

CERI WYN JONES
Dyddiad geni: 5/12/67
Magwyd yn Aberteifi.
Byw yn Aberteifi a dysgu Saesneg yn Llandysul.
Dysgu'r cynganeddion yn 17 gyda T. Llew Jones yn athro. Yna'u hesgeuluso am sawl blwyddyn cyn ailgydio gan ennill Cadair yr Eisteddfod Ryng-Gol yn 1990, a Chadair Genedlaethol yr Urdd yn 1992. Aelod o dîm Talwrn y Taeogion ac aelod o dîm Ymryson Shir Gâr.

EMYR DAVIES
Dyddiad geni: 10/3/65
Magwyd yn Aberporth.
Byw yng Nghaerfyrddin.
Aelod o dîm Talwrn y Beirdd Pantycelyn i ddechrau; erbyn hyn gyda'r Taeogion.
Aelod o dîm Ymryson Gweddill Cymru.

EMYR LEWIS
Dyddiad geni: 8/10/57
Magwyd yng Nghaerdydd.
Byw yng Nghraigcefnparc.
Crynodeb byr o yrfa farddol: Y? (Digon byr?)
'Hyd fy oes fy nhynged fu
dweud fy lein, a diflannu.'

GARETH WYN
Dyddiad geni: 18/1/56
Magwyd yn Glasfryn, Uwchaled.
Byw ym Mangor.
Wedi ymddeol fel bardd ers 1983 ar ôl cyfnod o rhyw bum mlynedd yn hap-farddoni!

GWION LYNCH
Dyddiad geni: 14/6/49
Magwyd yng Ngharrog.
Byw yn Llangwm.
Dechrau barddoni yn bymtheg eiliad a hanner oed.
'Yli, 'ma'r hen nyrs fawr flin,
Paid â slapio boch fy nhin!'

GWYNFOR AB IFOR
Dyddiad geni: 29/4/54
Magwyd yn Sling.
Byw yn Sling.
Dysgu cynganeddu yn nosbarth cynganeddu Dyffryn Ogwen gyda Ieuan Wyn a John Hywyn. Ymrysonwr a thalyrnwr. Enillodd gadair y Ffôr yn y saithdegau.

HILMA LLOYD EDWARDS
Dyddiad geni: 6/2/59
Magwyd yn Bontnewydd, Caernarfon.
Byw yn Bontnewydd, Caernarfon.
Dechreuais ddysgu cynganeddu yn 1987, ond wedi bod yn sdwnsian efo geiriau er pan oeddwn yn yr ysgol.

HUW DYLAN
Dyddiad geni: 4/8/58
Magwyd yn Amlwch.
Byw yn Llangwm.
Cynganeddu ers rhyw ddwy flynedd o ganlyniad i fynychu dosbarthiadau y Prifardd Elwyn Edwards. Enillais gadair Eisteddfod Môn 1993 am yr awdl 'Muriau'.

IFOR AP GLYN

Dyddiad geni: 22/7/61
Magwyd yn Llundain.
Byw yng Nghaernarfon.
Cyhoeddodd gyfrol yng nghyfres y Beirdd Answyddogol: *Holl Garthion Pen Cymro Ynghyd* (1991). Aelod o dim Talwrn Beirdd y Byd.

IWAN LLWYD

Dyddiad geni: 15/11/57
Magwyd yn Nhal-y-bont, Dyffryn Conwy a Bangor, Arfon.
Byw yn Nhal-y-bont, Bangor.
Wedi cychwyn sgrifennu yn Ysgol Friars, Bangor. Dysgu cynganeddu yn Aberystwyth. Aelod o dim talwrn Beirdd y Byd. Enillydd coron Eisteddfod Genedlaethol Cwm Rhymni, 1990.
Ar hyn o bryd yn gweithio ar gyfres o gerddi yn dilyn taith i'r America ar gyfer rhaglen deledu, a chyfrol — gobeithio!

MEIRION MACINTYRE HUWS

Dyddiad geni: 15/9/63
Magwyd yng Nghaernarfon.
Byw yng Nghaernarfon.
Cychwyn ymddiddori ym myd barddoniaeth tua dechrau'r wythdegau, dysgu cynganeddu erbyn tua chanol yr wythdegau ac ennill ar englyn am y tro cyntaf ym 1987 — Eisteddfod Genedlaethol yr Urdd, Merthyr. Cyhoeddi yn *Barddas* yn gyson ers canol yr wythdegau. Ennill cadair yn eisteddfodau lleol Caernarfon 1989, Llanllyfni 1992, a Chricieth 1992. Capteinio tîm Ymryson Arfon i fuddugoliaeth yn Ymryson y Brifwyl 1992 ac ennill Cadair Eisteddfod Genedlaethol De Powys, Llanelwedd yn 1993. Aelod o dim Y Waunfawr yn y gyfres Talwrn y Beirdd, Radio Cymru.

MEIRION W. JONES

Dyddiad geni: 25/8/66
Magwyd yn Aberteifi.
Byw yn Aberteifi.
Crynodeb byr o yrfa farddol: Dwi ddim yn siŵr os dwi wedi dechrau eto.

MYRDDIN AP DAFYDD

Dyddiad geni: 25/7/56
Magwyd yn Llanrwst.
Byw yn Llanrwst.
Enillodd gadair yr Urdd (1974) a'r Genedlaethol (1990) a chyhoeddodd gyfrol o farddoniaeth: *Cadw Gŵyl* (1991).

NIA POWELL

Dyddiad geni: 11/6/53
Magwyd yng Nghaerdydd.
Byw yn Nanmor Deudraeth (neu Nantmor heddiw).
Wedi ennill amryw o gadeiriau yn yr ysgol, a gwobrau yn yr Urdd a'r Eisteddfod Ryng-golegol am gerddi rhydd, ychydig iawn a gyfansoddwyd gennyf nes ymuno â thîm 'Talwrn y Beirdd' Deudraeth, a dechrau mwynhau chwarae â'r mesurau caeth. Prin y buaswn yn galw fy hun yn 'fardd'!

PEREDUR LYNCH

Dyddiad geni: 13/1/63
Magwyd yng Ngharrog.
Byw yng Nghefngitain.
Enillodd gadair yr Urdd yn Eisteddfod Maesteg 1979 a bu'n ymrysonwr a thalyrnwr cyson ers y dyddiau cynnar rheiny.

ROBIN LLWYD AB OWAIN

Dyddiad geni: 14/6/58
Magwyd yng Ngwynedd.
Byw yn Rhuthun.

TEGWYN PUGHE JONES
Dyddiad geni: 14/9/57
Magwyd yn Tal-y-Glannau, Mallwyd.
Bûm yn mynychu dosbarth nos hefo Emrys Roberts; wedi bod yn ymhel â'r gynghanedd ers 10 mlynedd.

TUDUR DYLAN JONES
Dyddiad geni: 30/6/65
Magwyd ym Mangor.
Byw ym Mhencader, Dyfed.
Ennill Cadair Ryng-golegol yn 1987, Cadair yr Urdd yn 1988 ac yn 1992, Cadair Gŵyl Fawr Aberteifi.

TWM MORYS
Dyddiad geni: 16/10/61
Magwyd yn Llanystumdwy a Grwyne Fach.
Byw yn Llanystumdwy a Llydaw.
Dysgu cynganeddu yn yr ysgol gan W.J. Arwyn Evans, Cynghordy. Cystadlu yn y Talwrn.

WYN OWENS
Dyddiad geni: 13/2/56
Magwyd ym Mynachlog-ddu.
Byw ym Mynachlog-ddu.
Dechrau cynganeddu yn 1986. Ymuno â dosbarth Cerdd Dafod. Aelod o dîm Beca ar y Talwrn.

YNYR WILLIAMS
Dyddiad geni: 9/4/59
Magwyd yn Nhrawsfynydd.
Byw yng Nghaernarfon.
Newydd ddechrau cynganeddu ar ôl blynyddoedd o feddwl am y peth!